一本让焦虑父母回归从容

孩子都需要 被看见

理解情绪·激发潜能·陪伴成长

全感是孩子
索世界的超人披风

夏梓郡 著

沈阳出版发行集团
沈阳出版社

图书在版编目（CIP）数据

孩子都需要被看见 / 夏梓郡著. -- 沈阳 : 沈阳出
版社, 2025. 6. -- ISBN 978-7-5716-5114-5

Ⅰ. G78

中国国家版本馆 CIP 数据核字第 20259BL194 号

出版发行：沈阳出版发行集团 | 沈阳出版社
　　　　　（地址：沈阳市沈河区南翰林路 10 号　邮编：110011）
网　　　址：http://www.sycbs.com
印　　　刷：三河市兴达印务有限公司
幅面尺寸：170mm×240mm
印　　　张：10
字　　　数：111 千字
出版时间：2025 年 6 月第 1 版
印刷时间：2025 年 6 月第 1 次印刷
责任编辑：王冬梅
封面设计：鲍乾昊
版式设计：雷　虎
责任校对：张　磊
责任监印：杨　旭

书　　　号：ISBN 978-7-5716-5114-5
定　　　价：59.80 元

联系电话：024-24112447
E-mail：sy24112447@163.com

本书若有印装质量问题，影响阅读，请与出版社联系调换。

前 言

每个孩子的成长，都是一段充满惊喜与挑战的旅程。作为父母，我们常常在爱与焦虑之间徘徊——既希望给孩子最好的引导，又担心自己的方式是否得当。《孩子都需要被看见》正是为这样的你而写。这本书不仅是一本育儿指南，更是一份关于"如何真正理解孩子"的温暖手册，适用于3-12岁儿童及其家长，同时也能为青春期前期（12-15岁）的家庭教育提供启发。

在孩子的成长过程中，不同阶段的需求截然不同。3-6岁的幼儿需要安全感与情绪引导，他们的哭闹、黏人行为并非无理取闹，而是在表达内心的渴望；6-12岁的孩子开始探索世界，潜能、兴趣与责任感的培养成为关键；青春期前期的孩子则逐渐表现出独立意识，需要父母以尊重和共情来应对他们的"叛逆信号"。本书通过科学的发展心理学理论（如埃里克森人格发展阶段）和大量生活化案例，帮助父母读懂孩子的行为密码，比如用"爱的橡皮筋"平衡亲密与放手，用"试错教育"激发他们的抗挫力。

本书结构清晰，每一章都针对特定成长阶段的核心问题展开。第一章"爱是一座桥"聚焦孩子的情绪需求，第二章"潜能在脚下"助力儿童发掘兴趣，第三章"叛逆也有道理"指导家长理性看待青春期前的独立意识，而第五章"家长的成长手册"更是提醒我们：教育孩子的过程，也是父母自我升级的旅程——只有管理好情绪、学会倾听，才能真正成为孩子的"共情师"和"引路人"。

教育不是单向的灌输，而是双向的成长。当我们学会用孩子的眼睛看世界，用耐心回应他们的需求，用智慧化解冲突时，亲子关系便会从"对抗"走向"合作"。这本书希望带给你的，不仅仅是方法，更是一种信念：每一次修补裂痕、每一次调整方式，都是父母与孩子共同的进步。

愿这本书能陪伴你，在育儿路上少一分焦虑，多一分从容，真正"看见"孩子，也遇见更好的自己。

CONTENTS 目录

序 渴望中的微光

尽管付出了如此多的努力，
为何孩子仍然表现出不安与焦虑？

这些看似无微不至的举动，
真的触及到了孩子的内心吗？

是否有那么一瞬间，
你们觉得孩子的情绪反应"过于敏感"？

如何做到真正"看见"孩子呢？

亲爱的家长们：

　　每天清晨，你们早起为孩子准备早餐，叮嘱他们按时出门；孩子现在上小学了，也正是长身体的时候，吃完晚饭，工作了一天的你们还要拖着疲劳的身心，陪着孩子在小区公园运动。忙碌的生活中，似乎每一刻都在为孩子操心，每一步都在为他们铺路。然而，尽管付出了如此多的努力，为何孩子仍然表现出不安与焦虑？为何他们在生活中仍然缺乏自信，甚至觉得自己总是不被理解？或许，这不是因为我们没有爱他们，而是因为在日复一日的"付出"中，我们没有真正"看见"他们。

　　"被看见"并不是简单的陪伴或关注，它是一种深入内心的理解，是一种将孩子当作独立个体去接纳的情感连接。许多家长无意间忽略了这种看见，他们认为，孩子哭闹时，只要告诉他们"别哭，一切都会好起来的"，问题就解决了；孩子在学校遇到挫折，只需要鼓励他们"加油，下次一定会更好"；甚至孩子无缘由地沉默不语时，只要让他们多参与活动、调整情绪就足够了。这些看似无微不至的举动，真的触及了孩子的内心吗？

　　有时候，我们以为自己做得足够好，但事实却往往事与愿违。或许问题不在于"做了什么"，而是"忽略了什么"。家长们，是否有那么一瞬间，你们觉得孩子的情绪反应"过于敏感"？是否因为他们的小小抗拒而不耐烦地打断，告诉他们"这样是不对的"？孩子的每一次情绪波动，其实都在向我们传递信息：他们需要被理解、被认同。但当我们站在成人的视角，试图用自己的经验去"纠正"他们时，孩子的感受可能就被压制、被忽略了。

这是妈妈精心为你准备的早餐，快点吃吧。

不要整天待在屋子里，多出去散散步也好。

没事的，加油，下次一定会考好的。

男子汉大丈夫，一点儿小事不要计较了。

拿了奖励也不要骄傲，继续保持。

妈妈陪你一起写完作业再休息。

当一个孩子因为考试成绩不好而沮丧时，许多家长会选择安慰："没关系，这次分数不重要，下次加把劲！"这句话虽然是好意，但忽略了孩子可能希望听到的是："我知道你为这次考试付出了很多努力。"孩子渴望的，不仅仅是结果的认同，更是过程中每一滴汗水和每一分努力的价值被看见。如果这些努力被忽视，孩子会开始怀疑自己的能力，甚至不再愿意努力。

同样的道理，当孩子因为与同学发生矛盾而感到委屈时，我们或许会说："不要那么在意这些小事，过几天就好了。"然而，这样的话语虽然看似平常，却可能让孩子感到孤立无援。他们的内心世界需要一个共情的出口，需要有人告诉他们："我知道你一定很难过，这件事对你很重要。你愿意和我说说吗？"情绪是孩子内心世界的一面镜子，当镜子被无视或打碎时，孩子只能选择隐藏，甚至将情感转化为焦虑。

除了情感上的缺位，家长们在实际行为中也可能陷入另一个误区——注重目标，而忽略过程。许多家长常常将关注点放在最终的成绩单上，却很少去了解孩子在为实现目标时经历了怎样的心路历程。想象一个孩子，为了一次学校的演讲比赛熬夜准备到凌晨，而比赛结束后，却只得到一句："这次表现还可以，下次要更努力。"这样的评价是否公平？是否让孩子觉得，自己的努力只是一场徒劳？真正的成长来自过程，而不是结果。当孩子的每一步努力被看见、被认可时，他们会从中汲取自信，进而不断突破自己。但当努力被忽略，甚至被简单归

结为"不够好"时，孩子会逐渐失去前进的动力，甚至对自己产生深深的怀疑。

还有一些家长，在好意之下为孩子设置了过高的期望。或许你们希望孩子考第一，参加更多的兴趣班，走上一条看似"最优解"的人生道路。但实际上，过高的期望会压垮孩子，也会让他们误以为，自己只有在满足这些期待时才是被爱的。与此同时，另一部分家长则选择用过度保护来包裹孩子的成长轨迹。怕他们受挫，怕他们失败，于是替他们规划好一切：选兴趣班、订学习计划、解决所有难题。这样看似"全能型"的父母，却剥夺了孩子独立尝试、探索的机会。

家长们，你们是否意识到，正是这种对"保护"或"期待"的执念，让我们失去了真正看见孩子的能力。或许，我们需要停下脚步，从孩子的视角去看待他们的世界。孩子的情绪或许稚嫩，但这正是他们对外界的真实感知；孩子的能力可能有限，但只有通过不断尝试，他们才能真正找到自己的方向。

如何做到真正"看见"孩子呢？或许，从静下心倾听他们开始。当孩子试图表达自己的感受时，请不要急于打断，不要用自己的经验来"指导"。孩子的语言可能并不成熟，表达可能有些混乱，但这正是他们最真实的内心世界。试着放下手机或手头的事情，与孩子面对面，用眼神与表情告诉他们："你的感受很重要，我在认真倾听。"在他们的叙述中，你可能会发现那些微小而真实的情绪闪光点，也会让孩子感受到一种深深地被尊重。倾听不仅仅是接收信息，而是用你的专注和耐心告诉孩子：你很重要，这一刻，我全心为你。

其次，家长们可以试着聚焦于孩子的努力，而非结果。成功固然值得庆祝，但更多时候，过程中的努力才是真正值得关注的部分。比如，当孩子花了一整个周末制作一个模型，但最终的作品并不完美，不要急于评价结果好坏，而是试着说："我看到你为了这个模型花了好多心思，这真的让我很感动。"或者当孩子在一场比赛中失败了，与其告诉他们"失败是正常的"，不如与他们一起回顾准备的点滴，帮他们发现自己的成长之处，让孩子明白，努力的过程本身已经是一种成功，而这种肯定会成为他们不断向前的动力。

此外，尊重孩子的选择也是一种看见。当孩子对某件事表达兴趣时，家长可能会出于好心，按照自己的经验为孩子规划下一步。但真正的尊重，是给他们尝试和犯错的自由。当孩子对音乐表现出兴趣时，与其急着给他们安排课程，不如先倾听他们想要学什么、为什么喜欢。即便他们的选择看似不够"明智"，也不妨给他们一个自由探索的机会。即便他们失败了，他们也会在过程中学会承担，并从中收获经验。这种被尊重的感觉，会让孩子更加确信自己是被信任的，从而更加勇敢地面对未来。

教育的意义，在于让孩子"更优秀"，更在于让他们在成长中感受爱与支持。孩子的世界虽然简单，却也是丰富多彩的。家长们，不妨从繁忙的工作中抽出一些时间，与孩子聊聊他们的世界：最近在学校发生了什么？他们最喜欢的书里有什么故事？甚至分享一些你自己的小故事，让他们看到父母不仅仅是"指导者"，也可以是他们的"同伴"。这样的对话会让孩子感受到，你是爱他们的，更是了解他们的。

或许你会发现，真正地"看见"孩子，需要你理解他们的情绪与需求，更需要你接纳他们作为一个独立个体的存在。当孩子提出一个问题时，不妨这样回应："你怎么看待这件事？"而不是急于给出答案。当孩子感到沮丧时，与其告诉他们"没关系"，不如说："你一定很难过吧，我可以帮你做些什么？"这种看见是一次情绪的共鸣，更是一种深深的爱和支持的传递。

亲爱的家长们，从今天起，蹲下身子，试着从孩子的眼中去看世界。或许你会发现，那个哭闹不止的小家伙其实只是在寻求你的关注；那个偶尔叛逆的少年，其实只是想要多一些理解。当你告诉孩子："我真的懂你"，他们的世界会因此更明亮，也会因此更加自信与坚韧。而这份来自家长的"看见"，将成为他们未来人生中最温暖、最有力的支撑。

第一章 爱是一座桥

安全感对孩子来说，就像超人披风。有了它，他们就能勇敢探索世界。

孩子大哭大闹，
像是按下了一个"闹钟"按钮。

其实，每一次情绪爆发的背后，
都藏着一串复杂但解得开的"需求密码"。

孩子需要被看见，需要被真正理解

1 安全感是孩子的小超人披风

想象一下，一个小小的孩子，披着一件看不见的"超人披风"，信心满满地踏上未知的旅程。这件"披风"就是安全感的化身。它让孩子相信，无论飞得多高、摔得多痛，总会有人接住他。而没有这件"披风"的孩子，仿佛时刻站在一座摇摇欲坠的独木桥上，每一步都充满不安。安全感对孩子来说，就像游戏里的超级装备。有了它，他们能"满血复活"，敢于探索，甚至挑战不可能！而这份安全感的真正来源，正是父母能否看见孩子，并在关键时刻给予支持。

超人披风的日常测试

情景 1

商场里，小女孩看到一个毛绒玩具，拉着妈妈的手不肯走。她先是撒娇："妈妈，这个好可爱哟！"妈妈不为所动，她开始哭闹："我要这个！我要！"最后，妈妈掏出钱包，说道："好了好了，别哭了，买给你！"小女孩立刻破涕为笑，玩具到手。

看似小女孩"赢了"，但妈妈真的看见了她的需求吗？恐怕并没有。孩子在得到玩具的同时，也学会了用哭闹来换取满足。她的安全感并未得到真正地满足。

> 同样的场景，另一个小男孩也拉着妈妈买玩具，他试图用"撒娇大法"争取，但妈妈却蹲下来认真地对他说："这个玩具真的很棒，你也很喜欢它，对吧？不过我们今天没打算买玩具。要不你可以先存零花钱，下次再来看？"小男孩犹豫了一下，点点头，最后牵着妈妈的手去吃冰激凌了。

这一次，妈妈通过共情和引导，既看见了孩子的情绪，也教会了他如何应对失落。他的妈妈给了他足够的安全感，安全感化作了他的"超人披风"。

披风背后的隐形力量

孩子的"披风"并不是靠日常的物质堆出来的，而是用心理需求一点点编织成的。要让披风真正发挥魔力，我们得先了解它的三大核心材料：

1.被看见的力量

孩子的情绪，尤其是哭闹，往往不是因为想要某个东西，而是想要被关注。当父母停下来认真倾听，并给出回应时，孩子会觉得"我很重要"，这就是安全感的起点。

2.情绪控制的技能

哭闹对孩子来说，是释放情绪的方式。他们需要通过父母的引导，学会用更合适的方法表达自己，而不是每次都靠"哭一哭"解决问题。

3.规则与选择的信心

孩子需要规则来指引他们的行为边界，但同时也渴望拥有探索和选择的自由。只有两者平衡，他们才能真正拥有独立解决问题的能力。

打造真正的"超人披风"

1.用心"看见"孩子

别小看一句简单的"我懂你"。

当孩子因为得不到想要的东西而生气时，先别急着制止或批评，可以蹲下来说："我知道你很想要这个，对不对？可是今天我们有约定，不能买多余的东西。"这种回应可以让孩子感觉到被理解，又能学会接受限制。

2.给孩子"选择权"

试着把问题交还给孩子。

比如，面对孩子想要买昂贵玩具的需求，家长可以说："这个玩具要50块钱，你现在只有20块，那你想一想是要继续攒钱还是选择别的玩具呢？"孩子自己做出的决定，会比孩子被迫接受的结果更让他们感到安心。

3.训练"耐心"的小任务

延迟满足是披风的超级魔法之一。

家长可以设计一些简单的小挑战，比如："我们来比赛，看谁能等到开饭铃响再吃第一口饭！"或者"猜猜生日礼物里装了什么，猜对了有奖励哟！"在这些有趣的等待中，孩子可以慢慢学会控制自己的情绪和欲望。

4.创造"小胜利"

没有什么比成功更能让孩子的披风升级。

比如孩子学骑自行车时，父母可以在后面轻轻扶一把，当他自己骑过几米后，立刻夸赞："刚刚那几秒全是你自己完成的！超厉害！"这样的日常"小胜利"可以不断强化他们的安全感，让披风更坚固。

让超人披风真正上线

安全感不是一蹴而就的结果，而是父母通过"看见"孩子情绪与需求，耐心陪伴的产物。孩子的安全感披风，既是心理的盔甲，也是内心的指南针，它可以带领他们走向广阔的世界，哪怕途中有风雨，也能勇敢向前。孩子需要被看见，需要被真正理解，当我们用心与孩子连接，他们的超人披风将会坚不可摧，成为他们一生的护盾。

❷ 哭闹不止？他在寻找"情绪指南"

孩子的情绪如同一只迷路的气球，在风中飘忽不定。孩子大哭大闹，像是按下了一个"闹钟"按钮，让整个家都瞬间进入"警报模式"。这时候，家长的反应五花八门——有人手足无措地试图哄他，有人直接"熄火"。孩子的哭闹，常常不是因为事情本身，而是因为他们在大声喊："快来帮我！我需要你的'情绪指南'！"这种指南对孩子来说，是打开自己小小内心世界的一把钥匙。而家长的角色，正是那个"地图制作者"，帮助孩子穿越情绪迷雾，找到情感的出口。

情绪大作战

情景 1

> 爸爸走过来，蹲下身子，拍拍小乐的背，说："你一定很难过，对吗？你特别喜欢那个玩具，但是现在没办法玩了。"小乐哽咽了一下，点点头。爸爸继续说道："那我们想想，有什么办法能让你感觉好一些？"

> 爸爸的"指南"成功了，他没有试图压制小乐的情绪，而是帮助他看清自己的感受，并引导他找到解决方法。情绪的大作战，不是简单的"熄火行动"，而是一次爱的"修复工程"。

　　小乐因为玩具被哥哥抢走，坐在地板上大哭，脚不停地踢地板。妈妈冲过来，喊："别哭了，不就是个玩具嘛！"小乐哭得更凶了。

　　小乐的情绪并没有因此平息，反而像被泼了油的火焰，烧得更旺了。妈妈的安抚变成了一场"情绪拉锯战"——她想尽快让小乐停止哭泣，却忽略了他的伤心，结果让小乐的情绪更加失控了。

情绪指南的秘密武器

　　孩子的哭闹就像他们的情绪"警报器"，当他们无法用语言表达时，哭闹就成了最直接的信号。到底为什么孩子总是哭呢？让我们用更有趣的方式来解读一下：

1.情感需求未满足

　　孩子的情感就像手机的电量，急需充电！当他们想要父母的关注、温暖或满足时，得不到回应，他们

就会像电量告急的手机一样，哭闹发出求救信号。

2.规则不明确

孩子就像没有 GPS 的小探险家，如果规则不清楚，他们就会迷失方向。找不到正确的"路标"，哭闹成了他们的求助信号："快告诉我该怎么做！"

3.欲望与现实的冲突

孩子有无限的愿望，但现实往往不给力。当他们的期待和现实发生冲突时，哭闹就是他们的情绪发泄口：想要的没得到，失望了！

情绪"迷宫"需要指路灯

孩子的情绪就像一座迷宫，复杂而多变。当孩子陷入其中时，哭闹是一种信号，意味着他们迷路了，需要家长的帮助来点亮那盏"指路灯"。

1.情绪是有名字的

当孩子哭闹时，试着用语言描述他的感受："你是不是觉得很委屈？"

"你是不是生气了？"让孩子学会为情绪命名，这样他们就能逐渐掌控自己的感受，而不是被感受控制。

2.共情是"万能钥匙"

孩子的情绪无论看起来多么"不合理"，对他们来说都是真实且重要的。试着告诉孩子："我知道你现在很生气，换作是我，我也会有点难过。"你的共情能让孩子感受到被理解。

3.提供解决方案，而不是直接代劳

当孩子哭着找不到玩具时，不要急着帮他翻箱倒柜，而是说："我们一起找找看，看看有没有别的方法能解决这个问题？"这样的引导能帮助孩子学会面对情绪，而不是简单依赖哭闹来解决问题。

打造属于孩子的"情绪指南"

孩子的成长，就像升级打怪的冒险之旅。每一次情绪的挑战，都是他们迈向独立的重要一步。而家长，就是那个为他们准备装备的"NPC"（在电子游戏中，NPC 通常指"非玩家角色"）。哭闹不止并不可怕，它是孩子内心世界的一种信号，也是家长和孩子连接的契机。认真倾听他们的情绪语言，或许你会发现，这份"情绪指南"不只是为孩子准备的，也是家长成长的一个重要篇章。

3 黏人小尾巴，其实缺一颗勇气种子

你是否有过这样的时刻：在厨房忙着炒菜，身后却跟着一个小人儿，像块"强力粘贴布"，紧紧贴住你的裤腿；又或是在客厅沙发上，你想看个电影，他非要窝在你怀里，一边问"你去哪儿？"一边紧盯你的一举一动。你心里暗想："这孩子怎么这么黏人？"其实，这些黏人的小尾巴，只是缺少一颗"勇气种子"。他们用"黏"来寻找安全感，用"靠近"来积蓄探索世界的力量。父母的角色，就像园丁一样，需要为孩子提供土壤、阳光和水分，让那颗小小的勇气种子生根发芽。

一个小尾巴的一天

情景 1

> 明明拉着爸爸的手，不肯放开，眼神里透着不安："爸爸，你一定要在门口等我！"爸爸蹲下来，对他说："你进去之后，我会在这里给你加油的。"

> 明明的"舍不得"是他的起点，而爸爸的理解和引导，让他学会了接受规则，也掌握了调整自己的情绪。他依然是那个依赖爸爸的小尾巴，但同时，他也在学着做自己的"小小时间管理者"。

> 　　早晨，小优拉着妈妈的衣角，泪眼汪汪地说："妈妈，我不想去幼儿园，我要跟你在一起！"小优紧紧抱着妈妈的腿，怎么也不松手。妈妈无奈地叹了口气，说："好吧，今天不去了。"

> 　　妈妈选择了让步，小优虽然避免了短暂的不安，却没有机会锻炼面对分离的勇气，她依旧是那个离不开妈妈的小尾巴。

黏人，是孩子的"心灵充电站"

　　孩子的内心像一部电动车，每天都需要"情感充电"。而黏人，就是他们请求充电的方式。通过靠近你，他们能从你的温暖和关注中获取能量。一旦充满电，他们才有动力去探索世界。那么，为什么孩子总是喜欢黏着父母呢？

1.情感 Wi-Fi：信号强了，孩子才敢冒险

　　孩子的情感就像手机信号，信号强了，他们才有安全感去尝试新事物。当孩子黏着你时，他们是

在找那份安稳的情感信号。只要你在，他们就能放心去探索，去面对未知的挑战。

2.小太阳模式：需要温暖，但不需要"直射"

孩子不总是要你全程陪伴，但需要的是持续的温暖。就像冬天里的阳光，孩子需要你在旁边给他们安慰，不一定要过多干预。只是你的存在，就足够让他们感到安心。

3.充电宝需求：电量低了，急需父母"充电"

当孩子情绪低落或精力不足时，他们需要父母的支持来恢复能量。就像没电的充电宝，孩子黏人是为了充电，获得情感上的慰藉和支持，恢复自信再去面对挑战。

"小尾巴"需要勇气种子

孩子黏人的背后，其实反映了他们对未知世界的恐惧和对父母的依赖。他们缺少的，并不是能力，而是面对新环境或陌生挑战时的自信。勇气种子，就是他们在遇到困难时所需要的心理力量。

1.给他们一片"安全的土壤"

孩子需要知道，无论遇到什么，他们的"家"是安全的。下次当小尾巴拉着你不放时，你可以温柔地告诉他："我知道你有点害怕，但我相信你可以做到。试试迈出第一步，我会一直在这里陪着你。"

2.制造"小冒险任务"

勇气并非一蹴而就，而是通过一次次"小冒险"累积起来的。比如，你可以试着鼓励孩子独自去买一根冰激凌，或者参加一次小组活动。当他们完成任务时，不妨夸张地庆祝："哇，你真的很棒，完成了自己的小挑战！"

3.用鼓励"浇灌"勇气种子

孩子在尝试新事物时可能会失败，但这正是成长的契机。父母的鼓励，就像温暖的春风，能让孩子重拾信心。即使失败了，也要告诉他们："你很勇敢，下一次会更好！"

黏人，不是缺点，而是成长的台阶

小尾巴的黏人期，就像小鸟学飞前总要紧紧依靠巢穴。他们从父母那里汲取力量，然后才有勇气挥动翅膀，飞向自己的天空。教育，不是强迫孩子独立，而是给予他们安全的港湾，让他们在勇气的翅膀下自由飞翔。每一个黏人的小尾巴，都是一个潜在的冒险家，他们缺少的，只是你的耐心、陪伴，以及那颗闪亮的勇气种子。

4 情绪爆发？试试破译"需求密码"

孩子的情绪爆发，就像一台突然启动的"火山喷发机"。当你还在享受片刻的安静时，哭喊声、跺脚声、不满的嘟囔声已经席卷而来。更具挑战的是，火山喷发的"触发条件"常常毫无预警——可能是掉了一块饼干，也可能是你无意中说的一句话："不行，今天不能买玩具。"但其实，每一次情绪爆发的背后，都藏着一串复杂但解得开的"需求密码"。孩子不会直接说："爸爸妈妈，我需要更多地关注、安慰和认可。"他们只会通过情绪向你"呼救"。

当密码藏在小事里

情景 1

早上，点点因为牛奶没装到她最喜欢的红杯子里，立刻炸了锅："我要红杯子！不是蓝的！"她哭得声泪俱下，一边推开牛奶杯，一边捶桌子。妈妈发火："不就是个杯子嘛，有必要这么闹？"

这场"杯子战争"，表面上是因为颜色，实则是孩子在强调"我需要控制权"。对点点来说，选择自己喜欢的杯子，意味着她能够掌控生活的一部分。妈妈的强硬态度让她感到被剥夺了这种掌控感，于是用哭闹来"捍卫权利"。

情景 2

　　壮壮搭建了一座"积木城"，但不小心手一抖，城墙全倒了。他立刻号啕大哭："我再也不玩积木了！"妈妈跑过来，抱住他，说："积木城倒了，你觉得很难过，对吧？"壮壮抽泣着点头。妈妈拍拍他的背，说："要不我们一起重新搭一个更牢固的城墙？"壮壮擦干眼泪，重新投入了他的"建筑工程"。

　　壮壮的崩溃不是因为积木，而是因为"失败带来的无力感"。如果妈妈直接跟他说"没事，再搭一个"，壮壮可能会觉得自己的感受被忽视。但妈妈用共情的方式告诉他："我看见你的努力，也知道你很难过。"壮壮感受到自己被理解，也激发了他继续尝试的动力。

孩子的需求密码

　　孩子的情绪密码并不是随机的，而是有迹可循的。每一个"火山爆发"的瞬间，孩子都在用自己的方式传递需求。

1."我需要被看见"型密码

当孩子的情绪爆发时，他们的潜台词往往是："你有没有看到我真正的感受？"比如，当孩子因为摔坏了画作而大哭时，他们要的不是"再画一张"的建议，而是"我知道你为这幅画付出了很多心血"的理解。

2."我想掌控自己的世界"型密码

孩子对自主权的渴望远比我们想象的强烈。当他们的决定被否定时（比如"今天不可以买冰激凌"），他们的情绪会立刻爆发，因为他们觉得自己失去了对世界的掌控。

3."我太累/饿/困了"型密码

情绪爆发有时候只是"身体需求的翻译机"。一个缺觉的孩子可能因为玩具没摆正而大哭，而一个饿着肚子的孩子则会因为没抢到餐桌上的最后一片面包而发脾气。这时候，与其讲道理，不如先看看他们是不是需要补充能量。

破译情绪密码的操作指南

1.观察情绪触发点，猜测需求

孩子的哭闹背后总有原因，试着从情境中找出触发点。比如，"摔坏了玩具大哭"可能意味着他们对失败感到失望；"不想去幼儿园"可能源于害怕分离或社交困难。

2.用语言描述情绪，建立连接

当孩子情绪爆发时，用简单的语言描述他们的感受："你是不是觉得很失望？""是不是因为太困了，才不想玩了？"这种共情会让孩子感到自己被理解，情绪也会更快平复。

3.提供替代方案，满足部分需求

在规则允许范围内，给孩子提供替代方案，让他们感到有掌控权。例如，"今天不能买玩具，但可以选一张贴纸回家贴在你的笔记本上，好吗？"这种方式既能缓解孩子的情绪，又能引导他们接受现实中的限制。

化情绪爆发为成长的契机

孩子的情绪管理能力尚未成熟，而你正是他们的"导师"。每一次耐心倾听、细致解码，都是在教会他们如何认识自己的感受，并用更好的方式表达需求。当你面对孩子的"火山爆发"时，不妨深吸一口气，换个视角去看——这不仅仅是一次情绪风暴，更是一个了解孩子内心世界的窗口。当你用爱与耐心解开他们的"需求密码"时，你会发现，他们的情绪世界其实比你想象得更加丰富，也更加迷人。

5 爱的橡皮筋该怎么拉？

想象一根看不见的"爱的橡皮筋"，一头系着孩子，一头拴着父母。这根橡皮筋有弹性，可以随时拉近，也可以适度放松，给彼此足够的空间。对孩子来说，这根橡皮筋就是他们的"安全感纽带"——当他们感到不安时，父母的拉近会让他们倍感安心；而当他们充满好奇、想要探索世界时，这根橡皮筋又会适时放松，给他们飞翔的自由。但问题来了：橡皮筋该怎么拉？拉得太紧，孩子感到窒息，可能会变得叛逆；拉得太松，孩子失去支持，可能会迷失方向。

橡皮筋的弹性法则

情景 1

每次童童拿起牙刷，妈妈总是忍不住接手："别动，我来帮你刷！"时间久了，童童干脆撂下牙刷："你来吧，反正我也不会刷。"妈妈有些着急："怎么我的孩子越来越依赖我了？"其实，童童并不是"不会刷牙"，而是他发现，自己每次尝试，都会被妈妈否定，久而久之，他干脆放弃了尝试的动力。

这是典型的"橡皮筋过紧"——家长给予过多的保护，剥夺了孩子尝试和学习的愿望，导致孩子形成了依赖的心理，甚至怀疑自己的能力。

轩轩爬上了公园的攀爬架，他兴奋地往高处攀爬，却完全忽略了脚下的安全。妈妈坐在长椅上玩手机，等轩轩摔了下来才匆匆跑过去。这次意外让轩轩从此害怕爬高，因为他在需要保护时，没有感受到"爱的橡皮筋"的牵引。

这是"橡皮筋过松"——父母给予孩子完全的自由，但缺乏适当的关注和支持，导致孩子在探索过程中感到不安，甚至因此变得胆怯，害怕尝试新事物。

如何掌控橡皮筋的张力？

既然"拉太紧"会让孩子缺乏自主性，"放太松"会让孩子缺乏安全感，那么，如何找到刚刚好的平衡呢？

1.靠近：成为孩子的情感避风港

孩子的成长离不开父母的支持。每当孩子感到害怕、迷茫或失落时，他们会需要父母的"靠近"。这时候，父母可以试着这样表达："我知道你现在很难过，我就在这里陪着你。"靠近并不是替孩子解决所有问题，而是让他们感受到：无论发生什么，父母永远是他们的后盾。

2.放手：给予孩子独立尝试的机会

当孩子表现出探索的兴趣时，父母要勇敢地放松橡皮筋，给予他们自由飞翔的空间。比如：当孩子想自己完成某件事时，先不要急着纠正或干预，而是用鼓励的方式引导他们，"试试看，你可以的！"在确保安全的情况下，让孩子独自去尝试一些新事物，比如买东西、搭积木或整理玩具。

3.动态调整：关注孩子的需求变化

爱的橡皮筋不是固定的，它需要根据孩子的年龄和需求随时调整。年幼的孩子可能需要更多的"靠近"，而随着他们逐渐长大，父母需要学会更多地"放手"。当孩子表现出强烈的独立意愿时，适时放松橡皮筋，会让他们更加自信。

爱的橡皮筋的"张力游戏"

1."你先试试，我来补充"

面对孩子的新尝试，比如自己穿衣服、画画或做手工，家长可以先鼓励孩子完成第一步："你想怎么做呢？"然后再视情况提供帮助。通过这种方式，孩子既有了自主权，又不会感到孤立无援。

2. "放心去飞，我在这里"

如果孩子表示想独自完成某件事情，比如一个人去滑滑梯或参加兴趣班，家长可以告诉他们："你去试试吧，如果需要我帮忙，我就在这里等你。"这句简单的话，能让孩子既安心又有动力。

3. "边界探险"

为孩子设置适度的边界，比如约定玩手机的时间或选择玩具的范围。当孩子知道规则的存在时，他们会在探索中感到更加踏实和安全。

拉皮筋，是一场爱的艺术修行

爱的橡皮筋既不是"紧箍咒"，也不是"断线风筝"，而是父母与孩子之间的情感桥梁。当橡皮筋拉得刚刚好，孩子会拥有充足的安全感去尝试、探索，甚至失败。他们会明白，无论飞得多远、摔得多重，父母的爱都在那里等着他们。而父母，也会在这场爱的修行中学会：真正的爱，不是"控制"孩子，而是给他们自由，让他们在这根橡皮筋的牵引下，慢慢找到属于自己的天空。

6 读懂他的小世界

　　孩子的世界，就像一座奇妙的秘密花园——充满未知、鲜活多彩，但对大人来说却常常布满了"谜题"。他们的笑、他们的哭，甚至是一句无意间的"我讨厌学校"，都像是藏着线索的密码，需要我们用耐心去解读。而读懂孩子，就像在玩一场"解谜游戏"：你需要好奇心、细心和一点点想象力，去发现隐藏在表面行为背后的那颗小小的心。

孩子的行为"翻译指南"

情景 1

　　奇奇正在客厅玩积木，堆了一座"城堡"。哥哥走过来，顺手拿起一块积木，奇奇立刻炸了："不许动！这是我的！"他愤怒地护住自己的"城堡"，脸涨得通红。妈妈赶来："不就是一块积木嘛，至于生这么大气？"奇奇更不干了，眼泪哗哗往下掉。哥哥无奈地耸耸肩，离开了"战场"。

　　其实，奇奇的愤怒背后隐藏着一个"大秘密"：他不是在为积木生气，而是在为"被侵犯的成就感"发声。他的小世界里，这座积木城堡是他努力的成果，是他的"领地"。他的愤怒，其实是在捍卫自己对努力的认可。

情景 2

乐乐最近放学回家变得沉默寡言。妈妈问他："今天在学校怎么样？"乐乐只是简单说了句"还好"，接着钻进房间关上了门。妈妈有些担心，敲开门问："是不是有什么不开心的事？"乐乐摇摇头，不说话。过了一会儿，他突然小声问："妈妈，如果一个朋友突然不理你了，是不是因为我做错了什么？"

原来，乐乐的小世界里正悄悄上演一场友情风波。他的小闷葫芦，是因为害怕面对感情受伤的脆弱，但同时又渴望妈妈能引导他找到答案。

如何读懂孩子的小世界？

孩子的行为是通往他们内心世界的窗口，但他们不一定会用语言直接告诉你。想读懂孩子的小世界，你需要掌握以下几个"解谜技能"：

1.观察：发现未说出口的故事

孩子的行为往往是他们情绪的放大器。比如，当孩子突然不爱画画时，可能是在表达"我不觉得自己画得好"；当孩子在一群小朋友中显得孤单时，可能是他在尝试寻找自己的社交位置。观察细节，是理解孩子内心的第一步。

2.倾听：用心捕捉他们的表达

当孩子想要说话时，无论是讲故事还是简单的感叹，都值得父母全身心地倾听。比如，孩子突然告诉你："今天的午餐不好吃！"这可能不仅仅是食物问题，而是他希望有人听听他对学校的感受。

3.提问：打开他们的小心事

有时候，孩子需要一点"助推器"才能表达内心的想法。避免使用封闭性问题，比如"你今天开心吗？"而是试着用开放性的问题："今天学校里有什么有趣的事情发生？"或者"如果让你画出今天的感受，你会画什么？"这些问题能引导孩子更自然地打开自己的世界。

走进小世界的 3 个 "奇妙工具"

1. "角色扮演望远镜"

试着从孩子的视角看问题。当孩子因为一个"小小失败"而哭泣时，别急着告诉他"没什么大不了的"，而是说："我看到你真的很努力，这件事对你很重要，对吗？"通过角色扮演式的

共情，父母能更容易进入孩子的情感空间。

2. "小世界地图"

和孩子一起创作他们的小世界地图。你可以问他："如果你的世界是一座岛，那里会有什么？"通过这样的互动，孩子会更乐意向你分享他的兴趣和想法。你会发现，他们的小世界可能比你想象中更丰富：有独角兽、糖果河，甚至一棵会发光的梦想树。

3. "心灵对话工具箱"

把沟通变得有趣！比如，利用画画、玩沙、搭积木等活动，让孩子在过程中自然流露情绪和想法。通过非语言的互动，你会更容易捕捉到他们的小情绪。

读懂小世界，让爱更靠近

孩子的小世界看似简单，却有自己的规则、期待和情感逻辑。父母能否读懂这个世界，直接影响着孩子的安全感和自信心。当你用心倾听他们的故事，用爱陪伴他们的探索，孩子会感到自己的情感被接纳，他们的小世界也会因此变得更加明亮。所以，亲爱的父母们，不妨放下"家长的权威姿态"，带着一颗好奇心，去拜访孩子的秘密花园。你会发现，他们的小世界充满童趣和想象力，也藏着成长的每一个小信号，而这些信号，正是孩子通向大世界的桥梁。

7 情绪像气球，戳破还是牵着走?

有时候，孩子的情绪就像一只彩色的气球——有时鼓鼓的，快要飘上天；有时摇摇晃晃，随时可能爆炸。当孩子生气、哭泣或闹脾气时，气球的绳子就在你手中。问题是，你会怎么做? 是用力戳破，直接终止这场"闹剧"? 还是小心翼翼地牵着它，陪孩子走过这段情绪旅程? 情绪管理不是"快速灭火"，而是一场"陪跑比赛"。孩子需要的不是被戳破气球，而是一个懂得如何牵着气球陪他们一起走的引路人。

情绪气球的"爆炸现场"

情景 1

小优和妈妈逛超市时，兴奋地跑去买冰激凌，但却发现冰柜里的最后一根已经被别人拿走了。小优噘着嘴，眼泪在眼眶里打转："我都跑得这么快了，为什么还是没有?"妈妈蹲下来，轻轻握着小优的小手："我知道你现在很难过，因为你真的很想要那根冰激凌，对不对? 要不然我们去选一个你最喜欢的水果味果冻，好不好?"小优擦擦眼泪，点点头。

妈妈选择了"牵着气球走"，通过共情和引导帮助小优释放情绪，同时用替代方案满足了他的需求。让小优平复了心情，也教会了她如何面对失落。

情景 2

壮壮正在认真画画，他用蜡笔画了一只自己最喜欢的小猫，正准备给它涂上橙色的毛发时，手一滑，蜡笔在画纸上划出了一道长长的黑色痕迹，把小猫的脸弄得歪歪扭扭的。他气得把蜡笔一甩："不画了！坏画！"接着，他用力揉皱了整张纸，直接丢进了垃圾桶。妈妈走过来说："怎么回事？就一点点涂错了，至于这么生气吗？重新画一张不就好了？"壮壮嘟起嘴，眼圈红红的："才不要！"

在大人眼里，这不过是一次小失误，完全可以重新画一张。但在壮壮的世界里，这张画是他精心创作的"作品"，那条多余的黑线，就像在他的努力上划了一道"伤疤"，让他觉得一切都毁了。

情绪气球别乱飞，牵好风筝线才安心！

孩子的情绪气球有一个重要特性　　如果被戳破，可能会让他们变得更敏感或压抑；但如果牵着它走，他们就会慢慢学会如何调节自己的情绪。

1.气球需要"放气口"

当孩子哭闹或生气时，不要急着让他们"冷静下来"。他们需要一个安全的空间把情绪释放出来，比如哭一会儿、讲一讲自己的感受，或者通过画画、搭积木来表达情绪。

2.气球的"颜色"像孩子的情绪

孩子的情绪如同气球般丰富多彩，每种颜色都可能代表着孩子不同的情绪需求，比如：

生气，可能因为不被理解或规则被打破。

难过，可能是因为失落或被忽视。

兴奋过度，需要安抚和引导。

3.气球的"绳子"是父母的引导

孩子情绪失控时，父母的回应就像气球的绳子。如果父母耐心牵着绳子，孩子会觉得"我的情绪是安全的、被接纳的"；而如果父母直接放手或戳破，孩子可能会觉得"我的感受不重要"。

握住"情绪气球"，陪孩子一起飞

1.接纳气球的存在

告诉孩子："每个人都会有情绪，就像气球一样有涨有缩。"当孩子知道情绪是自然的，他们会更愿意接受自己，而不是试图压抑感受。

2.引导气球"放飞"

当孩子的情绪气球快要"爆炸"时，引导他们用健康的方式释放情绪。比如，用深呼吸"放气"："我们一起深吸一口气，然后慢慢吹出，把气球里的生气都吹走。"或者用替代活动"转移孩子的注意力"："要不要一起用积木重新搭个更高的城堡？"

情绪气球是孩子成长的隐形翅膀

孩子的情绪，就像一只越飞越高的气球。在父母的陪伴下，他们会慢慢学会如何调整气球的高度，如何在暴风雨中紧握气球的绳子。下次当你面对孩子的情绪风暴时，不妨换个角度，把它看作一场"气球漫步"。牵着气球，你可以帮助孩子学会管理情绪，也能更深地走进他们的内心世界。最重要的是，这根牵引气球的绳子，正是你与孩子之间牢不可破的情感纽带。

第二章　潜能在脚下

孩子的好奇心，就像一只永不停歇的指南针，总是指向未知的方向。

让孩子从"要我学"变成"我要学"，从"被催促"变成"主动出击"

在孩子的世界里，失败就像一个大怪物，令人害怕又想躲开。

父母的任务，是做孩子人生里的"寻宝人"

❶ 好奇心不灭，成长路上的小探险家

孩子的好奇心，就像一只永不停歇的指南针，总是指向未知的方向。为什么天空是蓝的？为什么猫会"喵喵叫"？为什么饼干不能每天都吃？这些看似无穷无尽的"十万个为什么"，正是孩子探索世界的起点。好奇心，是他们成长路上的"燃料包"，推动着他们不断迈出小脚步，打开一个又一个新世界。可是，这颗好奇心也很脆弱——如果被忽视、打压，或者用一句"别问了，真麻烦"随意打发，它就像火苗一样会渐渐熄灭。而我们可以当孩子的小探险家，陪着他们一起用好奇心点燃成长的火炬。

好奇心的冒险故事

情景

嘟嘟打开零食柜，发现他心心念念的果冻不见了！他跑到客厅，指着爸爸："是不是你吃的？"爸爸愣了一下："怎么可能？问问妈妈吧。"嘟嘟跑向妈妈，发现妈妈正在擦嘴，立刻大喊："一定是你偷吃了我的果冻！"妈妈笑着说："你这么聪明，想想看，果冻到底是怎么没的呢？"嘟嘟皱着眉头，环顾房间，发现垃圾桶里有一个果冻包装袋。他仔细查看了一会儿，又看向正在啃骨头的狗狗，恍然大悟："是小乖干的！它一定是趁我没注意把果冻咬破了！"全家人被他的推理逗乐了。

嘟嘟的"果冻侦探事件"看似日常小事，但其实是一次奇妙的好奇心探索。妈妈没有直接告诉他答案，而是巧妙地引导他通过观察和推理找到真相。这种探索的过程，既保护了他的好奇心，也让他对自己的能力多了一分信心。

好奇心是成长的魔法钥匙！

孩子的好奇心，决定了他们对世界的热情，也塑造了他们的学习方式。没有好奇心，就没有主动探索的动力；而当好奇心被点燃，孩子会像一个不知疲倦的小探险家，不断发问、尝试、发现。

1.好奇心是学习的起点

每个"为什么"背后，都藏着一次小小的学习机会。当孩子问"为什么冰会融化"时，他们其实在开启一次科学启蒙之旅；当他们问"蚂蚁为什么排队"时，他们正在为自己种下一颗观察自然的种子。

2.好奇心培养思维的多样性

好奇心能激发孩子提出更多假设，进行更大胆的尝试。当他们想知道"用牙签能不能搭房子"时，他们其实已经在练习创造性思维。

3.好奇心让孩子更有韧性

带着好奇心去探索，失败不再只是"失败"，而是"试试别的可能性"。这种心态，会让孩子在未来遇到挫折时，更愿意迎难而上。

让好奇心发芽，让探索力开花！

1.成为"好奇搭档"

孩子提问时，不要急着给出答案，而是陪他们一起寻找真相。比如，当孩子问"为什么月亮会变形"时，你可以反问："你觉得呢？要不要我们一起查一查？"这种共同探索的过程，既保护了他们的好奇心，还让亲子关系更加紧密。

2.创造探索的环境

在家里设置一个"好奇角"，放上一些简单的实验工具、画笔或者有趣的图书，让孩子随时可以动手动脑。比如，可以在透明杯子里种一棵绿豆，让孩子观察发芽的全过程。

3.让失败成为"探险的一部分"

孩子的好奇心在探索过程中难免会遇到失败，比如搭积木时总是倒塌，或者实验水火箭时没有飞起来。这时，你可以告诉他们："失败也是探险的一部分，我们下次试试别的方法！"让他们知道，好奇心的旅程不只是结果，更是过程中的乐趣。

好奇心，让孩子的成长永不止步

孩子的小世界里，好奇心是推动成长的"隐形发动机"。作为父母，我们的任务不是控制这台发动机的方向，而是为它加油，让它跑得更远。当孩子问出那些看似"无厘头"的问题时，别急着敷衍，而是试着蹲下来，带着他们一起打开那扇通往未知的门。因为好奇心不灭，成长的探险之旅才刚刚开始。

2 兴趣是人生这辆车的方向盘

人生是一场奇妙的旅程，孩子就像一个小小驾驶员，而兴趣就是他们手中的方向盘。如果没有兴趣，他们的车可能会在"被动学习"的道路上原地打转，觉得什么都无聊；但一旦找到热爱的事物，这辆车就会启动"涡轮增压"，驶向充满激情和探索的未来！兴趣，能让孩子从"要我学"变成"我要学"，从"被催促"变成"主动出击"。但问题来了——怎么才能找到孩子真正的兴趣方向盘？

一场"面包师"的启示

情景

豆豆最近迷上了做面包。周末，她拉着爸爸妈妈兴奋地说："我们一起做面包吧！"妈妈起初有些犹豫："你可知道做面包有多麻烦？"但看着豆豆亮晶晶的眼睛，爸爸说："试试吧，反正我们也没别的安排。"从和面开始，豆豆的小手沾满了面粉，厨房也乱成了一团。即使这样，她还是开心得不得了，一边揉面团一边说："哇，面

我的面包成功啦！

团好软啊！"烤好的面包虽然形状奇怪，但豆豆骄傲地说："这是我做的！"

兴趣就是这样，它能让再难的事情都变得充满乐趣和挑战。当豆豆亲手完成一件自己感兴趣的事情时，那种成就感会让他更愿意持续探索。父母的鼓励和陪伴，则是"方向盘"稳定前行的重要支撑。

做个"兴趣侦探"！

兴趣的种子往往藏在日常生活的小细节里，父母需要像一位"兴趣侦探"，通过观察和引导，帮助孩子找到真正让他们着迷的东西。

1.观察他们的"发光时刻"

注意孩子在哪些事情上特别投入。比如，喜欢搭积木的孩子可能对结构设计感兴趣；喜欢观察虫子的孩子，可能是个未来的小生物学家。当你发现他们"眼里有光"的瞬间，可能就抓住了他们的兴趣点。

2.提供多样的体验

兴趣的萌芽需要"多样化的养料"。父母可以带孩子参加不同的活动，比如绘画班、音乐会、科学展等，让他们有机会接触新领域。谁知道呢？也许某一次尝试就点燃了他们的热情。

3.倾听孩子的"兴趣信号"

孩子常常会通过语言表达他们的兴趣，比如"我想学画画""我觉得恐龙好酷"。当他们主动表达时，就是兴趣的萌芽期。父母可以借机和孩子聊一聊，了解他们的想法，并适时提供支持。

兴趣"方向盘"的保养指南

1.不要急于"加速"

当孩子展现出兴趣时，父母要避免过早把它变成一种"任务"。比如，孩子喜欢画画时，过早给他报很多培训班，可能会让兴趣变成负担。兴趣需要"自然生长"，而不是"被强迫灌溉"。

2.接纳"兴趣的变迁"

孩子的兴趣可能会随着时间变化，今天喜欢画画，明天可能迷上了骑自行车。这并不是"不专一"，而是他们在探索人生不同的方向盘。父母要接纳这种变化，而不是觉得他们"三分钟热度"。

3.用正向反馈"充电"

孩子的兴趣需要被认可和鼓励。即使他们的作品不完美，也要用真诚的语言给予肯定，比如："你今天拼的积木真的很有创意！"这种反馈会像一股温暖的电流，持续为他们的兴趣方向盘充能。

从小火花到大梦想

兴趣是"方向盘"，更是点燃孩子潜能的"小火花"。兴趣让孩子在探索的道路上更加专注，也让他们感受到学习和成长的乐趣。作为父母，我们需要做的，就是尊重他们的选择，陪着他们去试试，陪着他们去追逐每一个让他们兴奋的小目标。因为正是这些"试试看"的瞬间，孩子才真正找到属于他们的兴趣方向盘，并驶向更广阔的人生旅程。

3 自卑是潜力的伪装术，解锁勇敢模式

孩子的自卑，常常像一块披着"平凡"外衣的宝藏——它会让他们低着头说："我不行""我做不好"，甚至试图隐藏自己。但你知道吗？自卑其实是潜力的一种伪装！那份他们不敢表达的自信，往往藏在他们需要一点"勇敢密码"才能打开的地方。而解锁这份勇敢，就是父母的一项重要任务。

谁偷走了小星星的信心？

情景

小星星在班里总是很安静，画画课上大家热火朝天地展示作品，她却躲在角落里，低着头悄悄收起自己的画。老师走过去问她："小星星，能不能让我看看你的画？"小星星轻声说："不行，我画得不好，大家会笑话我的。"老师笑了笑："那如果我告诉你，我看画不是为了挑毛病，而是为了发现画里的故事呢？"小星星递出了画。老师惊喜地说："哇！这只猫好可爱，它的表情好生动！你画的时候一定很认真吧！"小星星的脸一下子红了，

让老师看看你的画好吗？

可是，我画得不好……

抿着嘴笑了笑。

> 小星星的自信不是突然丢失的，而是在某些负面体验中慢慢被削弱的；同样，她的自信也不是一瞬间找回来的，而是通过一次次被肯定和理解，逐渐重建的。如果都能像这位老师一样，用鼓励和引导，而不是单纯的评价，那么每一个"害羞的小星星"，都能在温暖的目光里，慢慢重新点亮自己的光芒。

自卑，其实是潜力的"保护色"

自卑的孩子其实是在用"我不行"保护自己，但当他们感受到安全和支持时，他们会慢慢拿掉这层"伪装"，展现出真正的勇气和潜力。

1.替他们"发现亮点"

孩子常常看不到自己的闪光点，比如他们觉得"这幅画不好"，但父母却能看到"颜色用得很有创意"；或者他们说"我数学学得很慢"，但其实他们已经解决了几个很难的题目。父母的任务，就是用放大镜找到孩子的亮点，并告诉他们："我看到了哦！"

示例：孩子说"我的作文不好"。可以回应："可是你的开头写得特别吸引人，让人很想继续读下去呢！"

2.让失败成为"勇气勋章"

失败并不可怕，但孩子常常把失败看成"丢

脸"。父母可以用有趣的方式重新定义失败，比如："失败其实是成功的冒险笔记，每一次失败都在记录你的努力！"可以和孩子一起建立"失败清单"，比如记录那些因为失败而学会的技能，让他们看到失败其实是一种成长。

3.给他们"勇敢小任务"

勇气不是一次性爆发的，而是通过一次次小挑战积累起来的。父母可以设计一些"小任务"，帮助孩子逐渐积累勇气，比如"明天主动和同桌说一句早上好"或"尝试自己去超市买一根香蕉"，每完成一个小任务，勇气种子都会悄悄发芽。

帮助孩子走出自卑的"陷阱"

1.比较陷阱：别人家的孩子不重要

当孩子总是说"别人比我好"时，父母需要告诉他们："每个人都有自己的强项，你的路不需要和别人一样！"帮助他们把目光从"别人"转回"自己"。

2.完美陷阱：允许不完美的自己

孩子可能会害怕自己"不够好"，但父母可以告诉他们："你不需要每件事都做到完美，做你自己就很好！"

3.批评陷阱：用鼓励代替挑剔

频繁的否定会让孩子变得更自卑。即使是批评，也要尝试用建设性的语言，比如"你这次题目错了几道，但思路已经对了，下次再仔细一点就更棒啦！"

自卑背后的惊喜

每个孩子都有属于自己的独特潜力，而自卑只是一种"伪装术"，暂时藏住了这些光芒。当父母用耐心、鼓励和引导帮助孩子解锁勇气时，潜力就会像打开的宝箱一样逐渐显现。那些原本小心翼翼的孩子，会在你的陪伴下，慢慢抬起头，迈出更有力的步伐。

当你看到孩子因为害怕失败而退缩时，试着对他说："没关系，勇敢不一定要一下子跑得很快，有时候，只需要迈出一小步。"因为你的一句鼓励，可能就是孩子从"我不行"走向"我可以"的起点。

4 失败 = 隐藏的勇敢勋章

在孩子的世界里，失败就像一个大怪物，令人害怕又想躲开。然而，父母却知道，失败其实是一种特殊的"勇敢勋章"。每一次失败，都在悄悄告诉孩子："你已经很棒了，因为你试过了！"只不过，这枚勋章不是金光闪闪的奖牌，而是藏在他们经历过的努力、挫折和再次尝试的过程中。

纸飞机的"失败实验"

情景

轩轩最近迷上了折纸飞机，他想折出一架"飞得最远的飞机"。他认真地折好第一架，往前一扔——结果飞机扑腾两下，就像掉了电的风扇，直直摔在地上。

"怎么回事！我明明折得很认真！"轩轩气得噘起嘴巴。

妈妈走过来，捡起纸飞机问："你觉得它摔下去，是不是因为翅膀有点短？"轩轩瞪大眼睛："真的吗？"于是，他重新试了一次，这回飞机飞得远了一些。

> 怎么飞不高呢？
> 是不是这里有点短？

勇气的隐藏训练场

在孩子眼中，失败似乎是一种"糟糕的事情"——得不到好成绩、比赛没拿奖、搭的积木倒了……这些看似"小挫折"的瞬间，会让他们觉得"不够好"。但在父母眼中，失败却是孩子成长过程中最重要的一部分，它教会孩子：

1.失败不是终点，而是起点

失败并不意味着"完了"，而是一次发现问题、重新开始的机会。每一个"我做不到"，其实都在为下一次"我可以"铺路。

2.勇敢是在试错中炼成的

只有面对失败，孩子才能逐渐变得坚韧。就像练习游泳的孩子，第一次喝水呛到，第二次摔进泳池，但第三次可能就能大胆地浮起来。

3.成就感源于从失败中站起来

与其追求"完美"，不如教孩子享受从失败到成功的过程，没有一次次失败的试验，怎么会有最后的突破？

如何让失败变成勇敢勋章？

1.重新定义失败：给它一个新名字

失败听起来让人难过，但如果把它叫作"尝试的第一步"或者"发现问题的好机会"，孩子的心态就会不一样。比如："没关系，这只是一次小尝试，下次你会做得更好！"

2.分享"失败故事"

孩子以为只有自己会失败？不妨告诉他们你自己的"失败趣事"。比如："妈妈小时候学骑车的时候摔了三次，但最后还是骑得很快哦！"这样的故事会让孩子觉得，失败并不是一件值得羞愧的事情。

3.奖励"失败的勇气"

有时候，成功的努力值得奖励，失败的尝试同样值得认可。比如，孩子参加画画比赛没有获奖，但你可以说："我知道你花了很多时间画这幅画，我很为你的努力感到骄傲！"

失败 = 勇气勋章

失败从来不是孩子成长路上的"坏事"，它是一堂无声但有力的课，教会孩子面对挫折、克服恐惧、积累勇气。只有从失败中走过来的孩子，才能拥有真正强大的内心。孩子的成长之路，不是一条笔直的高速公路，而是一条充满弯道、坡度和小坑洼的探索之旅。失败，不是阻碍他们前进的障碍，而是让他们变得更强大的"训练场"。当孩子真正理解失败的价值，他们就能在未来的人生旅程中，握紧于自己的方向盘，勇敢向前。

5 每个孩子都自带与众不同的"隐藏技能"

每个孩子都是一座宝藏，虽然表面上看可能平平无奇，但只要用心挖掘，你一定会发现那些闪闪发光的"隐藏技能"。这些技能可能不是考试的满分，也不是比赛的奖牌，而是一些藏在日常生活中的小小闪光点——它们或许是孩子对音乐的天赋，对动物的独特亲和力，甚至是"讲冷笑话"的特殊才能。孩子的"隐藏技能"就像一颗颗未被发掘的珍珠，需要父母用耐心和爱去发现和打磨。

小白的"笑话天赋"

情景

小白是个腼腆的孩子，课堂上从不主动发言，大家都觉得他很普通，甚至有点"路人感"。有一天，老师发现了一件有趣的事情——课间时，小白正在给一群小朋友讲笑话："为什么鸭子喜欢下雨天？"小朋友们一脸好奇，他笑着说："因为雨天不用穿鞋！"一群孩子听完后哈哈大笑，纷纷喊：

小白，你的故事讲得很棒哦！

"小白再讲一个！"老师走过去问他："小白，你平时都怎么想到这些笑话的？"小白害羞地说："我喜欢编故事，尤其是那些让人开心的故事。"

小白的"隐藏技能"并不是常见的学术能力，而是一种让人开心的幽默天赋。老师通过观察，让小白找到了属于自己的独特闪光点，从默默无闻变成了班级里的"氛围担当"。

孩子的"秘密宝藏"等你来发现！

孩子的隐藏技能并不总是显而易见，甚至可能被忽略，因为它们通常和"标准成功"没什么关系。但这些技能恰恰是孩子与众不同的地方，是他们内心世界的一部分。

1.隐藏技能＝自信的源泉

当孩子发现自己的"特别之处"被认可时，他们会感到被看见和被接纳，这种肯定会成为他们自信心的基础。

2.隐藏技能＝多样化的潜力

每个孩子的天赋都不一样，有的擅长逻辑思维，有的对颜色敏感，有的对语言有天赋。通过发掘这些技能，孩子能找到属于自己的发展方向。

3.隐藏技能＝独特的表达方式

孩子的技能是他们与世界对话的方式，比如爱画画的孩子可能更愿意通过作品表达情感，而喜欢讲笑话的孩子，则用幽默让人们感到温暖。

解锁孩子的超级技能，宝藏即刻开启！

1.观察孩子"眼睛发光"的时刻

孩子专注于某件事时，往往是他们隐藏技能的展现时刻。比如，当他们安静地拼乐高、认真模仿动画片里的舞蹈动作，或者讲得眉飞色舞时，可能就藏着他们的天赋。

2.提供多样的尝试机会

孩子的兴趣需要多样化的体验来激发。可以让孩子尝试音乐、手工、运动、写作等不同的活动，找到最让他们兴奋的事情。

3.用鼓励放大闪光点

当孩子展示出某方面的特别才能时，及时用鼓励放大它们。即使技能看起来很"小"，也要让他们知道："这就是你的特别之处！"

孩子的"隐藏技能"，是他们与众不同的礼物

每个孩子都有自己的独特技能，有些可能显而易见，有些却需要时间慢慢发掘。父母的任务，是做孩子人生里的"寻宝人"，用耐心和爱陪伴他们找到那些闪光点，让这些技能成为孩子面对未来的力量。当你发现孩子在某件"小事"上展现特别的热情时，不妨停下来陪他们"玩一玩""试一试"。

因为每一次专注的尝试，可能都藏着他们的"隐藏技能"，而这些技能，将成为他们自信成长的钥匙。

6 潜能也需要时间酝酿

潜能就像一颗种子，埋在土壤里，看起来毫不起眼，但只要有足够的阳光、雨露和时间，它就会慢慢破土而出，长成参天大树。然而，许多父母却常常忽略了这个过程，总希望孩子的"潜能种子"可以"一夜开花"。其实，孩子的成长需要的是耐心——耐心地等待，耐心地陪伴，耐心地见证那份潜能酝酿的奇迹。

小番茄的成长计划

情景

安安和妈妈一起种下了一颗番茄种子。每天早上，安安都迫不及待地跑去看花盆："妈妈，番茄怎么还没长出来？"妈妈笑着说：

怎么还不发芽呢？

不要着急。

"别着急，种子需要时间发芽，它正在土壤里努力呢！"但一连几天过去，安安还是看不到任何变化，开始失望地嘟嘴："它是不是坏掉了？"妈妈安慰他："种子在长根的时候，你是看不到变化的，但它一直在努力成长哦。你看，咱们每天浇水，就是在给它鼓励！"又过了几天，花盆里终于冒出了小小的绿色嫩芽。安安高兴地喊："妈妈，它真的长出来了！原来它一直在努力呀！"

孩子的潜能和这颗番茄种子一样，需要一个从"无形"到"有形"的过程。在这个过程中，父母的耐心和鼓励，能让孩子感受到成长的力量，而不是急于求成地拔苗助长。

潜能需要时间"酝酿"

孩子的潜能，就像一瓶需要慢慢发酵的好酒，时间越久，香味越浓。父母需要理解，每个孩子的成长速度和节奏都是独一无二的，急不得，也催不成。

1.成长是"从量变到质变"的过程

孩子的潜能并不会一夜之间显现，而是通过一次次练习、积累和小小的突破，最终迎来飞跃式的成长。比如，一个初学钢琴的孩子，可能弹了上百次才会找到旋律的感觉。

2.不同孩子有不同的"成熟时间"

有的孩子从小展现天赋，有的孩子则需要时间去慢慢发现自己的兴趣和才能。就像有些花春天开，有些花秋天开，每朵花都有自己的季节。

3.潜能的萌芽需要"安全感"

当孩子感到被认可、被支持时，他们才会更有信心去尝试和探索。潜能不是压力催生的，而是在爱的土壤里自然生长的。

等待潜能的"发芽"

1.给孩子创造尝试的机会

孩子的潜能需要通过多样化的体验来激发。父母可以带孩子尝试不同的活动，比如绘画、运动、手工、乐器等，帮助他们找到自己的兴趣点。

2.不急于给结果下定义

当孩子还在学习和摸索的过程中，父母要避免急着用"好"或"不好"来评价。与其说"你画得不够好"，不如说"你画得很有趣，能告诉我为什么选这个颜色吗？"这种开放性的对话，能让孩子更专注于过程，而不是结果。

3.记录孩子的小进步

成长的过程里充满了"小成就"，父母可以通过记录这些进步，帮助孩子看到自己的潜能正在一点点被发掘。

4.给孩子"等待的空间"

有时候，父母的过多干预反而会压抑孩子潜能的自然生长。学会退一步，让孩子自己探索，他们可能会给你意想不到的惊喜。

潜能的酝酿，是一场关于爱的修行

孩子的潜能需要时间，但更需要父母的爱和耐心。正是在这些"看不见的努力"背后，孩子的潜力慢慢发芽，逐渐成长为让人惊叹的模样。别着急，不妨问问自己："我是否给了他们足够的时间和空间？"相信我，当那颗潜能的种子开花时，你会发现，这份等待，值得。

7 "试错"才能走得更远

试错，就像孩子成长中的冒险指南。每一次错误看似是一条"死胡同"，但实际上，它让孩子更了解如何找到正确的路。对孩子来说，试错是成长的必经之路；而对父母来说，接受孩子的错误，是对他们最大的支持。我们总希望孩子少犯错、走直路，但其实，那些跌跌撞撞的瞬间，才是孩子最真实的学习和成长。试错就像在游戏里"打怪升级"，每一次失败，都是在为下一次的成功积累经验。

谁敢尝试"蓝色饼干"？

情景

童童想做一盘"彩色曲奇"。她兴致勃勃地将妈妈的食用色素全倒进了面糊里，甚至加了些奇怪的调料——盐、糖，还有一勺辣椒粉！饼干出炉时，她："这是我的蓝色曲奇！"可当她咬下第一口，表情瞬间扭曲："呃……好咸！好辣！"妈妈笑着尝了一块，虽然味道离"美味"

很远，但她说："我觉得你的饼干颜色特别有创意！你觉得下次我们可以试试少加点盐和辣椒吗？"童童点点头。

试错的过程可能会出些"奇葩结果"，但这些错误本身并不可怕。父母的鼓励和引导才会让孩子从错误中汲取经验，变得更加自信。

试错是孩子成长的必经之路

孩子的成长就像在走迷宫，试错是他们摸索出正确路径的方式。每一个错误，教会了他们什么不该做，更让他们学会如何改进。

1.试错培养解决问题的能力

当孩子在试错中找到方法时，他们学到的不只是"正确答案"，而是面对困难时的思考和坚持。

2.错误是创新的起点

许多伟大的发明和创意，都是从"错误"中诞生的。比如，发明曲别针的人最初只是在尝试制作金属工具，但错误的设计意外变成了我们熟知的办公神器。

3.失败让孩子更有韧性

试错是帮助孩子建立抗挫能力的最佳途径。失败并不会摧毁他们，反而会让他们在下一次尝试时更加坚定和勇敢。

让孩子敢于试错

1.用"鼓励语言"代替"批评语言"

当孩子犯错时，不要一味批评，而是帮助他们找到问题所在，并鼓励他们继续尝试。

示例：孩子搭积木塔倒了，不要说"你真笨"，可以说："哎呀，看来塔的底座不够稳，我们试试把底座搭大一点，好不好？"

2.把错误看成"学习的礼物"

让孩子知道，每一次错误都在教会他们新的东西。你可以说："你看，这次的失败是不是让你明白了下次要怎么做？"帮助他们从错误中找到积极的意义。

3.创造"低风险试错环境"

为孩子提供一个可以放心试错的环境，比如在家里做手工、实验、拼图等活动，即使失败也不会有太大后果，让他们可以无忧无虑地探索。

4.以身作则，展示你的试错经历

孩子会模仿父母的行为。如果父母能大方分享自己的错误，并从中学到东西，孩子也会更勇敢地面对自己的错误。比如："妈妈今天做饭时多放了盐，结果咸得不得了！但下次我知道要少放一些了。"

试错，让孩子走得更远

孩子的一生中，会有无数次跌倒和重来的时刻。而父母能做的，就是陪伴在旁边，用鼓励的声音告诉他们："没关系，这只是下一次成功的练习。"当孩子说"我做不好"时，不妨拍拍他的肩膀，笑着说："那就试试！做错了没关系，重要的是你愿意尝试。"让试错成为孩子人生中的勇气勋章，他们才能更自信地走向更远的未来。

8 天赋的钥匙藏在细微之处

孩子的天赋就像一把小小的钥匙，静静地藏在他们的日常行为里，不声不响，但却总会在不经意间闪现出一丝光芒。孩子的天赋并不总是耀眼夺目，反而常常藏在那些微不足道的细节中，比如他们认真观察蚂蚁搬家、用积木搭出奇怪的造型，或者能给宠物取一个特别的名字。天赋的发现，不需要你有火眼金睛，而需要你有一颗细腻的心和一份好奇的耐心。因为每一个看似平凡的动作，可能都在悄悄告诉你：孩子的天赋之门正等待被打开。

从涂鸦到"设计师"的启示

情景

笑笑特别喜欢拿着蜡笔到处涂画。餐桌上、墙壁上，甚至妈妈的菜谱上都成了她的"创作空间"。妈妈一开始很头疼："你怎么到处乱画，简直像个'小破坏王'！"但有一次，妈妈突然发现，笑笑并不是简单地"乱涂乱画"——她画的房子里居然有对称的窗户，还有小桥和栅栏！妈妈问笑笑："你画的这个房子为什么这么多窗户呢？"笑笑说：

为什么画这么多窗户呢？

因为……

"因为屋子里住着很多小动物，它们都需要自己的窗户看外面呀！"妈妈笑了，她意识到，这并不是"乱画"，而是笑笑在用画画表达自己的世界观。

妈妈从另一个角度来看待笑笑的"创作"时，她发现了其中的独特性。笑笑在画画时并非没有目的，而是有自己的故事和逻辑，像是创造一个栩栩如生的世界。她为每个小动物设计不同的窗户，展示了她对"家"与"个体需求"的理解。

天赋总是藏在细微之处

孩子的天赋，往往不会用"鲜明的大字"直接告诉你，而是以一种隐秘的方式，融入他们的兴趣、行为和思考中。父母需要通过观察和陪伴，去发现这些细微的线索。

1.天赋往往从兴趣中显露

当孩子对某件事充满热情，总是乐此不疲地投入其中，比如爱搭积木、爱画画，或者总喜欢拆开玩具研究构造，这可能就是天赋的起点。

2.天赋可能伪装成"奇怪的小习惯"

有时候，天赋会以让人意想不到的方式出现，比如爱问"奇怪问题"、喜欢收集某种东西，或者对某些事物特别敏感。这些看似"小毛病"的习惯，其实可能是天赋的萌芽。

3.天赋需要时间慢慢浮现

有些天赋一开始并不明显，但通过一次次尝试、积累和强化，它会逐渐变得清晰。比如，喜欢模仿的小朋友，可能会成为未来的表演者；而喜欢观察自然的孩子，可能是个小小科学家。

发现孩子天赋的"小钥匙"

1.用观察替代控制

不要总是急于指导孩子做什么，而是多观察他们喜欢做什么。比如，孩子搭积木时，关注他们是喜欢高高叠起，还是喜欢建造细致的场景？这些行为可能透露出他们的思维方式。

2.用提问引导兴趣

通过好奇和鼓励性的提问，帮助孩子思考他们为什么喜欢做某件事。比如："你为什么喜欢用蓝色画这片天空？"或者"你觉得这个故事里最好玩的是哪部分？"

3.给孩子尝试的机会

孩子的天赋需要通过多样化的体验来显现。带孩子去不同的场景，比如美术馆、动物园、科技展，让他们接触更多新鲜事物，也许某一个瞬间会点燃他们的天赋火花。

4.尊重孩子的"独特表达"

天赋的表现可能并不符合"标准"，但它依然值得被认可和尊重。比如，一个总是画奇怪形状的孩子，并不是"不懂画画"，而可能是他有自己独特的艺术表达方式。

天赋在小细节中等待被发现

孩子的天赋并不需要光芒四射才能被看到，它可能藏在一段不完美的舞蹈中，一幅稚嫩的涂鸦里，或者一次"失败的科学实验"中。父母能做的，是成为发现天赋的"钥匙匠"，用耐心和欣赏为孩子打开那扇门。看到孩子为一个"奇怪的问题"着迷时，别急着打断，不妨蹲下来陪着他们一起探索。因为，也许就是这些不起眼的细节，正是孩子天赋的萌芽。而当这把小钥匙真正转动时，你会看到，一个独特而闪光的未来正在等待着他们。

第三章　叛逆也有道理

我只是希望他听话，做个好孩子，怎么这么难？

让叛逆期的孩子感觉被尊重，又不失去父母的引导？

父母和孩子不再是命令与服从的关系，而是相互沟通、共同协作的伙伴。

共情是一项技巧，它更是一种生活方式

① "别总控制我！"

生活中，孩子用"别总控制我！"这样的语气反抗时，很多父母可能会心生疑惑："这怎么又开始叛逆了？"你一边心里默默叹气，一边觉得："我只是希望他听话，做个好孩子，怎么这么难？"但其实，这并不是孩子不愿意听话，而是他们正在努力寻找属于自己的"声音"和"空间"。叛逆，不是孩子生来就想与父母作对，而是他们在成长过程中不断试图"从你手里拿回自主权"。他们想要的不仅仅是做对的事，而是想通过做事来证明自己的独立和能力。

橙色的鞋子

情景

乐乐坚持要穿一双橙色的鞋子去学校，妈妈觉得橙色鞋子和他的衣服搭配不合适，说："今天穿这双鞋子不好看，换双蓝色的吧。"乐乐开始皱眉："不！我喜欢橙色！"妈妈坚持："快换鞋，别乱发脾气。"乐乐说："你总是控制我，我不想听！"然后他气愤地脱下鞋子，坐在地

> 快换鞋，别乱发脾气。

> 你总是控制我，我不想听！

上哭了起来。过了一会儿，妈妈蹲在乐乐面前问："你喜欢这双鞋子对吗？告诉妈妈为什么喜欢？"乐乐看了看鞋子，说："它好亮，我想让大家看到它！"妈妈笑了笑："好吧，那你就穿这双鞋。"

在这段小插曲中，乐乐的反叛并非无理取闹，而是他在寻找自己独立的方式。妈妈的理解与妥协让乐乐得到了自己想要的鞋子，也让乐乐学会了如何表达自己对"控制"的抗拒。是妈妈的温和回应，而不是硬性控制，帮助乐乐获得了尊重和自由，乐乐的内心也因此变得更加平和。

我是小孩，不是提线木偶！

孩子的叛逆并非无缘无故，他们并不是故意与父母作对，而是内心的"自我意识"正在觉醒。他们开始明白，自己也是独立的个体，有自己的想法、感受和决定权。

1.孩子需要找回"自我"

在成长的过程中，孩子会经历"从依赖到独立"的转变。叛逆，实际上是他们努力挣脱父母控制的一种方式，孩子会通过拒绝、反抗，尝试去做出自己的选择，他们想告诉自己："我也能做决定。"

2.规则与自由的拉锯战

孩子既渴望父母的保护，又渴望获得更

多的自由。当父母给他们设定的规则过于严苛时，孩子就会通过叛逆行为来表达自己的不满。他们想要掌控自己的行为和选择，而不是单纯地按照规则行事。

3.学会表达自己的情感

叛逆有时也是孩子表达情感的一种方式。当他们感到"被限制"时，可能无法用其他方式表达情绪，只能通过抗拒、顶嘴等行为来发泄内心的不满。

小船也想自己掌舵！

1.用共情代替控制

当孩子提出抗议时，不要急于批评或指责他们"太叛逆"。试着站在他们的角度思考，理解他们的情感："我知道你现在觉得很烦，不想听这些规则，对吗？"这样一来，孩子会感到自己被理解，也会减少反抗情绪。

2.提供选择，增强自主性

给孩子更多的选择权，让他们在一些小事上做出决定。比如，早晨不必强迫孩子按你的要求穿衣服，而是让他们有两个可选择的选项："今天你想穿红色的T恤，还是蓝色的？"这样既能让孩子感到有控制感，也不会违背父母设定的底线。

3.适时放手，让孩子犯错

有些事，孩子可能做得不好，甚至会犯错。但这正是成长的过程。让孩子学会承担后果，而不是一味地保护他们。比如，他们选择的衣服搭配不好看时，父母可以说："我知道你喜欢这个搭配，穿出去可能会有些不太舒服，下次我们再一起挑选。"

让孩子更有责任感

孩子的叛逆并不完全是坏事，它实际上在教会孩子如何表达自己、如何做决定。叛逆期的孩子，正在经历从依赖到独立的转变，而这种转变是他们成为成熟个体的基础。父母需要给予他们更多的信任和空间，而不是一味控制。当孩子说"别总控制我"时，不妨问问自己："他们在说什么呢？是不是在告诉我，他们正在寻找自己的声音？"放下控制，学会倾听，孩子的内心才会更加温暖和自由。

❷ 叛逆期的"尊重补丁"

　　孩子进入叛逆期后，家长常常感到一阵无力，尤其是当孩子开始"拒绝"一切父母的建议和规则时。原本听话的孩子突然变得像个小反抗者，仿佛一切都是父母说了不算。这个时期，孩子的内心世界正在发生剧烈的变化，他们不仅仅是在对抗父母的权威，而是在寻找自己的声音和位置。但问题是，父母的"控制"往往会让孩子感到失去尊重，这就像给亲子关系打上了一个"尊重漏洞"。而"尊重补丁"正是我们解决这个问题的关键。如何修复这个"漏洞"，让叛逆期的孩子感觉被尊重，又不失去父母的引导？这就需要父母放下"指挥棒"，用理解和沟通来替代"命令"和"控制"。

洗碗的"战斗"

情景

　　每次妈妈说："明明，今天轮到你洗碗了！"明明总是皱着眉头："我不洗！你为什么总是让我做这些？我又不是你家用人！"妈妈语气开始变得严厉："你怎么能这么说！你是家里的一份子，洗碗是应该做的！"明明却更加反感："我不想做！你总是管我！"但这一次，妈妈决定尝试不同的方法，她深吸一口气，走到明明身边说："明明，我知道你不喜欢洗碗，也不想做家务。都是一家人，能不能理解一下？"明明一愣，低头沉默了一会儿，最后点了点头：

"好吧，我晚饭后洗。"

> 明明，今天轮到你洗碗了！

> 我不洗！

从"你必须洗碗"到"我尊重你的选择，但你也要承担责任"。妈妈没有压迫明明，而是通过平等的对话和他交流，明明感受到自己得到了尊重，也更加愿意参与家务了。

叛逆升级中，请安装尊重补丁！

叛逆期的孩子正在经历自我意识的觉醒，他们开始意识到自己也是独立的个体，有自己的想法、需求和意见。当父母在这个阶段过度控制或者否定孩子的感受时，孩子会产生强烈的反感，觉得自己没有被尊重。尊重补丁的作用，就是在这种情况下给孩子空间，承认他们的感受，并给予他们选择的权利。

1.尊重帮助孩子建立自信

当孩子感到自己被尊重，他们会变得更有自信，敢于表达自己的想法和感受。这种尊重不仅仅是表面上的顺从，而是从内心深处的认可。

2.尊重让父母的建议更有力量

如果父母总是以"命令"的方式发号施令，孩子会产生反感，不愿意接受。而当父母通过尊重和理解的方式引导，孩子会更容易听取建议，甚至自愿去做事情。

3.尊重创造了平等的沟通桥梁

尊重是沟通的基石。无论孩子说什么，父母通过理解和尊重他们的想法，能够更好地与孩子建立平等的沟通桥梁，避免误解和对立。

尊重是叛逆模式的最佳外挂！

1.倾听孩子的声音

不要急于纠正孩子的行为，而是先倾听他们的感受和想法。让孩子知道，他们的意见和感受是被重视的。比如："我明白你现在很生气，我们能不能先冷静一下，看看怎么解决？"

2.用选择权替代命令

孩子叛逆的根本原因往往是缺乏控制感。给孩子一些选择，让他们能够主导自己的决定，而不是简单地"服从命令"。比如："今天你想先做作业，还是先玩一会儿？但要记得，作

业得做完。"

3.尊重孩子的隐私和空间

尊重不仅仅是体现在言语上，还包括给予孩子一定的隐私和空间。比如，不随便翻看孩子的书包和日记，不插手孩子的私人社交活动，这会让孩子感到更被尊重，也有助于建立信任。

4.适时的妥协与沟通

叛逆期的孩子正在锻炼自己独立思考的能力，父母不妨试着与他们妥协，找出彼此都能接受的方式。比如，在家庭规则上达成一致，让孩子感到自己是决策的一部分，而不仅仅是规则的执行者。

尊重补丁，让亲子关系更加稳固

叛逆期是孩子成长中的必经之路，而尊重是这段路上最重要的铺路石。通过尊重和理解，父母可以帮助孩子更顺利地度过这个阶段，还能让亲子关系更加稳固。当孩子感受到自己被平等对待时，他们会更加愿意倾听父母的建议，也更能接受父母的引导。当你真正做到了尊重，亲子之间的沟通会变得更加顺畅，孩子的叛逆行为也会变得更加理性和可控。

3 他在发送"成长求救信"

当孩子在叛逆期发出"不想听""别管我""我不做！"这些信号时，许多父母往往会误解为"孩子不听话"或者"孩子故意对抗"。然而，真正的情况是——孩子正在通过这些行为向父母发出一份"成长求救信"。他们并不是真的想和父母作对，而是正在经历自我探索的迷茫期，渴望得到理解和支持。父母的任务，就是成为他们解读这封求救信的"接收者"，理解他们的内心需求，帮助他们走出迷茫。

找不到的"我的世界"

情景

每当妈妈让他做作业时，悠悠就会开始抱怨："我不想做！你别管我！"有时，他甚至会把作业本推到一边，跑到房间里去看电视。妈妈看他不配合，心里开始焦虑："为什么以前那么听话的孩子，现在这么难管？"有一天，妈妈和悠悠谈心："悠悠，最近为什么不想做作业呢？是觉得作业很难，还是有什么别的原因？"悠悠低着头说："我不知道，我觉得每天都要做作

我不要写作业！

业，压力好大，做完了还要做……我就想放松一下。"妈妈笑着说："每完成一个小任务就能休息五分钟，奖励自己看一集喜欢的动画片。"悠悠开始认真完成作业。

悠悠的"叛逆"其实是一封"成长求救信"，他并不是拒绝学习，而是过度的压力让他迷失了方向。通过耐心倾听，妈妈理解了他的感受，并给出合适的方案，帮助他走出困境，也增强了他面对挑战的信心。

成长信号灯闪烁中，请求支援！

孩子在叛逆期的表现，往往是他们内心矛盾的体现：一方面，他们渴望获得更多的自由和自主权；另一方面，他们又害怕失去父母的支持和爱。孩子的反抗行为，是对父母权威的挑战，更是他们在试图表达自己对独立的渴望和对自我认同的需求。

1.渴望自由，但不知如何表达

孩子正处于成长的"过渡期"，他们逐渐从依赖父母转向独立，但并不完全知道自己如何独立。反抗父母，表面上看是"反叛"，其实是他们尝试用自己方式去表达"我能决定自己做什么"，想让父母看见自己真正的需求。

2.对规则的挑战

孩子在叛逆时，常常会挑战父母的规则，因为他们试图通过"测试规则的边界"来理解世界的运行方式，这种行为往往是他们自我成长的一部分——他们在寻找自己的价值观、原则和信念。

3.怕失败，寻求支持

叛逆期的孩子很容易感到不安和迷茫，尽管他们表面上看似不需要父母的帮助，但实际上，他们需要父母的支持和引导来帮助他们从试错中找到正确的方向。

别让孩子的求救信号变成未读消息！

1.多倾听，少急于批评

孩子发出求救信号时，父母应尽量避免急于批评或下结论，而是先倾听孩子的感受。例如："我看到你今天做作业很不情愿，是不是有点不喜欢这个作业？我们可以一起想想办法。"

2.理解背后的情绪，而非行为本身

孩子的叛逆行为往往与情绪压力相关，而非单纯的反抗。父母需要理解孩子的情绪波动，并通过沟通帮助他们找到情绪的出口。比如："你是不是觉得做作业的时候压力很大？我们可以把作业分成小块，一步步来。"

3.提供选择，帮助孩子建立自主性

当孩子表达不满时，不妨给他们一些选择，让他们感到自己可以掌控一些事情。比如："今天你想先做数学作业，还是先做语文作业？"这样做可以给孩子选择的空间，还能帮助他们逐渐学会管理自己的时间和任务。

4.共同制定规则，而不是单方面制定

孩子的叛逆往往是对父母单方面设定规则的反应。父母可以和孩子一起制定一些家庭规则，让孩子参与决策过程，增加他们的责任感和参与感。比如，和孩子商量家庭作业的完成时间，以及休息的时间。

和孩子一起走过迷茫期

孩子的叛逆行为，实则是他们成长过程中向父母发出的求救信号。在这段时期里，父母的任务是引导孩子走出迷茫，更是通过倾听、理解和支持，帮助孩子从困境中找到自己的方向。通过共同的沟通与合作，孩子可以获得独立的信心，还能在父母的陪伴下，勇敢迈向自我成长的下一步。试着站在他们的立场，理解背后的需求，和他们一起找到解决的办法，每一次的理解与包容，都是孩子成长路上不可或缺的支持。

4 家庭"平等实验室"

进入叛逆期后，孩子的内心往往会悄悄发出信号："我也有自己的声音，我也能做决定！"而这时，父母的角色不再是单纯的"领导者"，更应该是"合作者"和"引导者"。为了帮助孩子顺利度过这个时期，家庭可以变成一个"平等实验室"——在这里，父母和孩子不再是命令与服从的关系，而是相互沟通、共同协作的伙伴。

谁说今天的晚餐不能投票？

情景

妈妈准备做晚餐，她听见了从客厅传来的豆豆声音："我不想吃土豆！"爸爸笑着说："我今天好想吃比萨！"妹妹也跟着嚷嚷："我想吃炸鸡！"顿时，妈妈的脸色变了："你们不听话！"她用一种命令的语气说："今晚我们吃土豆炖牛肉，谁都不准再说别的！"这时，爸爸提议："要不我们来个投票，看看大家想吃什么？"妈妈愣了

我们来投票看看吃什么吧？

好啊。

一下，眼睛一亮："投票？那好吧，我们来投票，看看今晚最受欢迎的是什么。"最终，经过投票，土豆炖牛肉、比萨和炸鸡都成了晚上餐桌上的一部分。

在这个看似小小的家庭决策中，妈妈通过投票这种方式，让每个家庭成员都有了发言权和选择权。孩子们在参与中既感受到了自己被尊重，也更愿意接受晚餐的安排。家庭中的"平等实验室"并不意味着放弃规则，而是通过合作和民主方式，让每个家庭成员的意见都能被听见。

平等是最好的催化剂！

孩子的叛逆期，正是他们探索自我、表达独立的关键阶段。如果父母依然采取传统的"命令式"方式对待孩子，那么不仅会增加彼此之间的冲突，还会让自己与孩子在情感上变得疏远。

1.培养孩子的责任感

当孩子有机会参与家庭决策时，他们会意识到自己是家庭的一份子，必须为自己做的决定负责。这种责任感能帮助孩子在未来的生活中更好地管理自己的行为和选择。

2.促进父母与孩子之间的沟通

通过建立平等的家庭沟通方式，父母不仅能更清楚地了解孩子的想法，也能让孩子感受到父母的尊重和关心。平等的对话减少了代沟，让亲子关系更加紧密。

3.尊重孩子的独立性

平等的家庭环境让孩子感到自己是独立的个体，不再只是"父母的附庸"。他们可以在这个环境中学会表达自己、做决定，也能为自己的行为承担后果。

每个家庭成员都是合伙人

1.让每个声音都能被听见

可以定期召开家庭会议，讨论一些日常决策，像是周末去哪儿玩、晚餐吃什么，或者假期的计划等。每个人都有权利提出自己的建议，而不是单方面地命令和决策。比如可以问孩子"这周末我们去爬山还是去博物馆呢？大家每个人都说一下自己的想法，我们一起决定"。

2.给孩子选择的权利

在日常生活中，给予孩子更多选择的机会，比如让孩子选择今天穿什么衣服，或者决定家庭活动的内容。这样可以增强孩子的决策能力，也可以让他们感受到自己的意见得到尊重。

3.让孩子参与分担

让孩子参与到家庭责任的分担中，并且通过共同商量决定任务的分配，比如家务劳动、整理房间等，父母可以问孩子："你今天想负责哪项任务？"让孩子在参与中建立起自己的责任感。

4.用平等的语气交流

尽量避免用命令语气说话，试着用建议和询问的方式来引导孩子，即使需要做出决定，也要让孩子感到自己参与了这个过程，而不仅仅是接受结果。

孩子变得更自信、更独立

家庭的"平等实验室"可以让孩子感受到被尊重，还能让他们在与父母的互动中，学会如何做决策、如何沟通和如何承担责任。这样的教育方式，会让孩子逐渐成为一个有自信、有责任感的人，而不是依赖于父母的"指挥棒"。将家庭打造成一个"平等实验室"，可以帮助孩子在尊重和理解中成长，让他们在表达自己、参与决策时，体验到平等和信任。

5 不同观点是成长的炸弹，还是礼物？

每当孩子表达出和父母不同的观点时，许多家长往往会感到震惊、困惑，甚至认为这是一种对权威的挑战。特别是在叛逆期，孩子突然提出的各种"另类"想法和行为，常常让父母感到不知所措："为什么我说的她完全不认同？为什么她总是和我对着干？"

然而，不同的观点真的只是"炸弹"，会把家庭和亲子关系炸裂吗？其实，孩子的不同意见和父母的观点发生冲突，恰恰是孩子成长的必经之路。这种"炸弹"如果能得到恰当的处理，实际上是孩子成长过程中送来的珍贵"礼物"。

关于"早起"的战争

情景

晓明和妈妈每天都会上演一场"早起大战"。妈妈催促着："晓明，快点起床，别再赖床了！你今天要迟到了！"而晓明则拿着被子，闭上眼睛说："我今天不想早起，昨天晚上没睡够！"妈妈试图说服他："早起有助于你一天的学习。"晓明却反驳："为什么一定要早起？我可以晚上写作业，早上起得晚一点。"妈妈没有急着否定晓明的观点，而是说："好吧，我理解你。晚上你可以更加集中精力做作业，但早起也有它的好处。要不我们试试调整作息，每天晚上提前半小时上床，看看会不会有不同的效果？"晓明点了点头："那我们试试吧，但我希望自己能决定什么时候睡。"

晓明的"早起反叛"看似是一场"炸弹爆炸"，但实际上，是他在表达自己的需求和思考。在妈妈的耐心引导下，晓明和妈妈共同探讨，找到了适合自己的作息规律，不同的观点并没有破坏亲子关系，反而增进了相互理解。

不同观点是"成长的炸弹"

孩子的不同意见，往往让父母感到不安和不理解。父母习惯了自己一贯的教育方式和世界观，当孩子提出新的看法时，可能会让他们感到震惊，甚至觉得"被挑战了"。然而，孩子之所以表达不同的观点，并非想要与父母对立，而是他们在努力建立自己的思考体系和个性。

1.独立思考的标志

当孩子提出不同的观点时，他们其实是在努力培养自己的独立思考能力，他们开始从父母的框架中跳出来，探索自己的想法、信仰和原则。这种"炸弹"，如果处理得当，是孩子成长的积极信号。

2.孩子对自我认同的渴望

叛逆、反对和质疑，是孩子对自我认同的探索过程，他们希望通过表达不同的看法，来界定自己的身份和独立性，而不是完全依赖父母的意见。

3.世界观的扩展

不同观点的冲突，是亲子关系的"挑战"，更是家庭成员世界观碰撞的机会。孩子通过表达自己的意见，实际上是在学习如何与不同的人沟通、理解和妥协，这对他们的社交能力和认知发展至关重要。

不同观点转变为"成长的礼物"

1.保持冷静，避免情绪化反应

当孩子提出反对意见时，父母容易感到被挑战，甚至会立即反驳。然而，这样的反应很可能让孩子更加抗拒，甚至形成对立。可以试着冷静下来，接受孩子的不同意见，并表达自己的想法，而不是直接否定他们的观点。

2.尊重孩子的意见，进行平等对话

孩子的反叛往往是渴望被尊重。当父母能够以平等、开放的态度与孩子沟通时，孩子会更加愿意听取父母的建议，也更容易接受教育。父母可以问："你觉得晚起有它的好处吗？我们一起讨论一下，看看有没有折中的方案。"

3.鼓励孩子表达不同的观点

当孩子提出不同的意见时，父母不妨鼓励他们继续表达自己的想法，通过讨论不同的观点，孩子可以学会如何更加理性地分析问题，也能感受到自己得到父母的理解和尊重。

成长的动力源泉

当孩子表达不同的观点时，这是他们寻求独立和自我认同的方式，也是家庭成员之间深化理解和尊重的机会。通过平等的沟通，孩子可以学会如何表达自己的意见，父母则可以通过理解和接纳孩子的观点，激发孩子更大的成长潜力。包容与理解，可以让孩子更有信心地去表达自己，也能帮助你们建立更加健康和开放的亲子关系。

6 成为孩子的共情师

父母的角色不仅仅是教育者和守护者，更是孩子情感世界的理解者。孩子们常常在情绪的海洋中挣扎，尤其是在叛逆期、面对挫折或在探索自我时，他们的情感可能如暴风雨般汹涌澎湃。而作为父母，最重要的任务之一，就是成为孩子的"共情师"，能够真正走进他们的内心世界，理解他们的感受，帮助他们平静下来，并给他们勇气去面对复杂的情绪。

暴风雨中的"温暖伞"

情景

明年就要上初中了，米米压力很大，最近总是发脾气，回到家里就会愤怒地甩门，妈妈忍不住皱起了眉头："你又怎么了？"米米一边哭一边喊："你根本不懂！我不想做作业！我好累！根本没有人关心我！"妈妈放下手里的工作，走到米米身边，把她抱进怀里："米米，我知道你很难过，今天的作业让你感觉压力很大，对吧？我能感受

到你现在的情绪。"米米靠在妈妈肩膀上，抽噎着说："就是感觉好累，做不完……"妈妈安慰她："我明白，你很辛苦，作业多的确让人烦躁。我们可以一起想想办法，怎么才能轻松一点？咱们先休息一下，再一起完成剩下的作业。"

米米的愤怒并非无理取闹，而是她内心积压的压力和疲惫在情绪上的爆发。妈妈没有批评她，而是通过共情的方式理解了她的感受，并通过引导让她感到得到理解和支持。最终，米米从愤怒中平静下来，也学会了如何在压力中找到舒缓的方式。

共情力是天赋加点努力

孩子的情感和情绪管理能力是逐步发展出来的。在他们的世界里，情感经常是复杂且多变的，尤其是在面对困境、挫折或未曾体验的情境时，他们可能没有办法用成熟的方式表达自己的感受，这时，父母的共情可以帮助他们更好地理解和管理自己的情绪。

1.共情能增强孩子的安全感

当孩子的情绪得到父母的理解时，他们会感到更有安全感。尤其是在面对困难和挑战时，孩子会更加信任父母，也更容易敞开心扉，表达自己内心的真实想法。

2.共情有助于培养情绪管理能力

通过父母的共情，孩子能学会如何表达自己

的感受，如何管理情绪。父母不仅仅是情感的支持者，还是孩子情绪处理的榜样。

3.共情能够增强亲子关系的信任

通过共情，父母和孩子之间的情感联系会变得更加牢固。孩子会更愿意向父母求助，愿意和父母分享内心的困惑和感受，从而促进亲子关系的更好发展。

做孩子的心灵探险家

1.倾听并验证孩子的情绪

当孩子表达情绪时，不要急于干涉或修正，而是先倾听他们的感受。试着用语言确认孩子的情绪，让他们知道你在听、你在理解。孩子生气时，父母可以说："我能理解你为什么生气，今天的比赛确实让你失望了，对吧？"

2.避免立即提出解决方案

孩子有时并不需要父母给出解决办法，而是需要情感的支持。不要急于提供"你应该怎么做"的建议，而是先让孩子感受自己被理解，再与他们一起探讨解决问题的办法。"我知道你现在觉得很累，我们先休息一会儿，等你准备好再继续。"

3.用温和的语气表达理解

共情的关键在于语气和态度。当孩子情绪激动时，父母用温和的语气和身体语言去接纳孩子的情绪，可以帮助孩子冷静下来。当孩子情绪低落时，父母可以轻声说："我知道你今天很难过，做作业的时候感觉有点烦对吧？没关系，我们可以一起面对。"

4.给予孩子适当的选择

让孩子参与到解决问题的过程中，给予他们一定的控制感和决策权。让孩子感受到自己也能做出决定，有助于增强他们的自信心。比如可以问他们："你今天是想先做数学作业，还是先做英语？我们一起决定一下。"

孩子成长的"情感指南"

共情是一项技巧，它更是一种生活方式。在孩子的成长过程中，通过共情，父母可以帮助孩子更加有效地管理自己的情绪，让孩子更好地适应变化，面对未来的挑战。而这种情感的共鸣，将会成为孩子在未来成长道路上不可或缺的力量源泉。所以，当孩子感到沮丧或生气时，我们可以通过共情的方式，帮助孩子走出情感的困境，增强亲子关系的深度与温度。

第四章　放手才能飞得远

父母的"放手"，并非弃之不顾，
而是给予孩子展翅高飞的机会。

培养责任感并不需要从巨大的任务开始，
而是从小事做起。

如何平衡让孩子做决定与适当的引导，
成了一项充满挑战的任务。

父母的信任能够为孩子提供内心的力量

❶ 独立是孩子的"超级能量包"

孩子的成长就像是手中握着一颗"超级能量包",而这颗能量包的核心,就是独立。随着孩子逐渐长大,独立性也在不断培养,从自己穿衣服、自己做作业,到自己做决定、自己处理问题,独立让他们从一个"小跟班"逐步成长为能够掌控自己生活的"小英雄"。然而,独立并不是一蹴而就的,它需要父母在日常生活中不断提供"放手"的机会。鸟儿要靠翅膀飞翔,孩子也需要通过独立去体验失败和成功,从而让这份"超级能量包"真正释放出来。

让鸡蛋自己孵化

情景

小美最近迷上了养植物,她每天都会细心照料家里的盆栽。一天,爸爸带回了一颗小小的植物种子,告诉小美:"这是一个特别的种子,如果你好好照顾它,它会长成一棵大树。"

小美兴奋极了:"我一定会照顾好它的!"爸爸并没有急着帮助小美,而是鼓励她:"你需要每天给它浇水,放在阳光充足的地方,

> 爸爸,鸡蛋是不是不够暖和?

> 你好好照顾它,它一定会孵化出来的。

耐心等待。"起初，小美有些担心，时不时跑去问爸爸："爸爸，这个种子会长吗？我是不是浇水太多了？"爸爸笑着说："别急，慢慢来，你做得很好，耐心点，它一定会成长。"几周后，小美注意到种子上冒出了一点小芽，她高兴得不得了，赶紧告诉爸爸："爸爸，真的长出来了！"看到小芽一点点长大，小美的脸上充满了成就感。

通过这段时间的悉心照料，小美学会了耐心、责任和坚持，感受到了努力后的收获与喜悦。爸爸的信任和适时的放手，让小美在自己解决问题的过程中积累了更多的自信，懂得了如何在成长的路上一步步克服困难。

独立能力，让人生如虎添翼

独立是孩子成长的目标，也是他们走向未来的动力源泉。它帮助孩子学会独立思考、独立解决问题，增强自信心，让他们能更加从容面对生活中的各种挑战。

1.在独立中培养责任感

当孩子被赋予独立的机会时，他们会学会为自己的行为负责。这种责任感将会有助于他们在生活中做出明智的决策，也能帮助他们在团队合作中扮演重要的角色。

2.在独立中增加解决问题的能力

独立会帮助孩子在面对挑战时自己找到解决方案。通过实际操作，他们可以学会如何分析问题、寻找资源、权衡选择，从而逐步提升自己解决问题的能力，而不是一味依赖父母或老师的帮助。

3.在独立中建立自信心

每当孩子独立完成一项任务，他们就会获得巨大的成就感，这个过程会让孩子意识到我能行！同时，这种自信心也会伴随他们一生，在未来遇到更多挑战时，他们依然可以充满勇气。

给独立力续航，满电出发！

1.给孩子"独立操作"的机会

从日常生活中的小事做起，让孩子自己做决定和操作。例如，让孩子自己整理书包、选择自己的衣服、自己做简单的家务等。通过这些日常独立的"小任务"，孩子可以慢慢地积累经验，增强自己的独立性。

2.让孩子承担适当的责任

为孩子分配一些适合他们年龄的责任，比如照顾宠物、管理零花钱、做小家务等。培养责任感，可以增强孩子的自信心，让他们相信自己能够胜任各种任务，还能让他们在实践中体验并提升自身能力，从而形成正向成长循环。

3.给予失败的空间

独立的成长过程中，失败是不可避免的。父母要允许孩子犯错，让他们学会从失败中汲取经验，而不是过度干涉孩子的失败。失败是孩子学习的一部分，孩子只有经历过失败，才能更加成熟。

4.让孩子做决定，承担后果

给孩子更多做决定的机会，不仅仅是让他们选择活动内容，还可以让他们做一些家庭决策。这样，孩子会意识到自己的决定会带来后果，从而更加注重思考和选择。

放手，孩子才能飞得更远

父母的"放手"，并非弃之不顾，而是给予孩子展翅高飞的机会。正如雏鸟唯有鼓翼振翅，方能翱翔蓝天，孩子亦需在独立中磨砺自我，直面挑战，探寻世界的奥秘。独立，是孩子最珍贵的"超级能量包"，赋予他们迎难而上的勇气，赋予他们驾驭未来的智慧，让他们步履更坚定，飞得更高更远。试着松开紧握的手，给予他们自主探索的空间。在独立中成长，在成长中积蓄力量，让他们去书写属于自己的精彩篇章。因为，真正有智慧的爱，是适时地放手，而非永远地牵引。

2 小责任练大担当

责任就像是孩子成长路上的一把钥匙，它能帮助他们开启成熟的大门，而这把钥匙，往往是从日常生活中的"小责任"开始磨炼的。许多父母可能会觉得，孩子的责任感似乎总是"遥不可及"，但其实，培养责任感并不需要从巨大的任务开始，而是从小事做起，让孩子在生活的点滴中逐渐学习到什么是"责任"，什么是"担当"。在一次次的小责任中，孩子学会了为自己、为他人、为集体担负起应有的责任，就像攀登一座高山，每一次的小步伐，最终都会带领孩子走到更高的地方，收获属于他们的大担当。

铲雪的小使命

情景

大雪过后，家门前的小路积了厚厚的一层雪，妈妈站在窗前，对涛涛说："涛涛，今天你负责铲雪。"涛涛："这么多雪，我怎么铲得完？"妈妈："没关系，慢慢来。你先把家门口的小路铲干净就好。"涛涛接过铲子。刚开始，雪很硬，他铲得很慢，妈妈一直在旁边，安慰他：

> 涛涛，今天你负责铲雪。

> 这么多雪，我怎么铲得完？

"别着急，我们可以休息一下再继续。"经过半个小时的努力，涛涛终于把门前的小路铲干净了，当涛涛看到家门前的干净小道时，他心里充满了成就感："我做到了！"

通过铲雪这一份"小责任"，涛涛锻炼了自己面对任务的能力，同时在实践中体会到完成任务所带来的成就感。正是这些看似微小的经历，逐步塑造了他独立解决问题的能力，让他在一点一滴的积累中，可以成长为能够承担"大担当"的人。

小任务，大升级

孩子的成长是从"学习责任"开始的，而责任感的培养并不依赖于"重大任务"，而是生活中的一点一滴。小责任是孩子练习担当的最佳起点，正是这些看似微不足道的任务，可以教会孩子如何为自己的行为和决定负责。

1.小责任教会孩子时间管理

当孩子承担起家庭中的小责任时，他们可以学会如何规划自己的时间，如何合理安排任务，从而帮助孩子培养起为自己生活负责的能力。

2.小责任培养孩子的团队意识

每一个小责任，都是孩子为家庭、为集体做贡献的机会，帮助家里分担任务，孩子可以学会为自己负责，也能学会如何为他人、为集体着想，从而逐渐培养孩子的团队合作精神。

3.小责任增强孩子的自信心

当孩子能够成功完成一项小责任时，他们会感受到自我价值的提升，也会逐渐获得更多的信心。随着这些小成功的积累，孩子的自信心也会日益增强，面对更大的挑战时，孩子也会更加从容不迫。

巧妙"安排"小责任

1.家庭作业分配：让孩子参与做家务

家务劳动是培养责任感的一个重要途径。父母可以根据孩子的年龄和能力，布置适当的家务，比如擦桌子、扫地、整理书包等。让孩子参与到家庭事务中，他们会逐渐感受到自己对家庭的贡献。

2.养宠物：让孩子照顾小动物

如果家庭条件允许，养宠物是一个培养孩子责任感的好方式。可以让孩子负责照顾宠物的饮食、清洁等，每天的小任务会让孩子学会照顾他人，并增强他们的责任心。

3.参与家庭决策：让孩子参与选择

父母可以适当让孩子参与一些家庭决策，帮助孩子锻炼独立思考和决策能力。比如，家庭活动选择、周末出游的目的地等。孩子能够在这种参与中，学会为自己的决定负责。

4.时间管理：让孩子自己制定作息表

鼓励孩子自己制定学习和休息的计划，并帮助他们在实践中找到合适的平衡。通过合理规划自己的时间，孩子可以在做事时更加有条理，也能增强他们对任务的责任感。

从小责任到大担当，孩子飞得更远

通过承担小责任，孩子可以学到如何解决问题、管理时间，还能在实践中收获宝贵的经验，渐渐培养出更坚韧的责任感和担当精神。这些看似不起眼的任务，其实是为他们日后肩负更大责任铺设的基石。每一次的小小成功，犹如春雨滋润，让他们在未来的挑战面前更加勇敢、自信。试想，当孩子完成一项任务时，家长不妨为他们送上温暖的表扬与鼓励，让他们感受到那份从责任中诞生的成就感。正是这些"小责任"，为孩子开辟了一条通往"大担当"的光明大道，让他们在成长的路上步履铿锵，朝着更高的目标勇往直前。

③ 跌倒了？拍拍灰重新跑

"跌倒了没关系，站起来继续跑！"这是每个孩子在成长路上常听到的一句话。而这句话背后，隐藏着一个重要的成长法则——失败和挫折是人生的一部分，跌倒并不可怕，真正可怕的是不敢再站起来。对孩子来说，学会面对失败、从失败中汲取经验，并且敢于重新站起来继续前进，是他们成长过程中必不可少的一部分。父母的角色，是为孩子提供支持和鼓励，让他们在跌倒时不至于感到孤单和绝望，而是能够勇敢地拍拍灰尘，重新振作。

失败的跳高比赛

情景

乐乐参加了学校的跳高比赛。站在跳高架前，她看着那些已经成功跳过的同学，心里充满了紧张。终于轮到她了，乐乐鼓起勇气，跑起来准备跳过横杆。但就在她跃起的一刹那，脚不小心碰到了横杆，啪的一声，横杆掉了下来，乐乐重重地摔在了垫子上。她呆呆地躺在那里，心里充满了失落："我失败了，大家一定会笑话我。"她低着头，眼眶有些湿润。老师看到这一幕，走过去蹲下身子，轻轻拍了拍她的肩膀："乐乐，失败了没关系，站起来继续试一次。记得，你最勇敢的是敢于尝试，而不是避免失败。"乐乐看着老师，慢慢站起来。老师继续鼓励她："来，调整好自己，我们再试一次。"这一次，乐乐深吸一口气，调整好步伐，再次用力起跳。这一次，她成功了，跳了过去！她兴奋地笑了："我做到了！"

乐乐的跌倒和失败并没有成为她的终点，而是一次重新起航的机会。老师的鼓励和支持，让乐乐明白，失败只是暂时的，关键是要勇敢地站起来，继续前进。

小朋友才怕摔，大英雄都是跌着长大的！

每个孩子的成长之路，都像是在学骑自行车——磕磕碰碰是常态，摔倒了再爬起来才是必修课。从学习成绩的不理想，到社交中的小尴尬，再到游戏里的一次次失败，挫折无处不在。但如果孩子能学会从失败中站起来，拍拍灰继续跑，他们可以更加自信地应对当下的挑战，还能收获一种重要的能力——坚韧。这种品质就像一件隐形的"成长铠甲"，帮他们在未来的风雨中挺直脊梁，勇敢前行。

1.失败了重新站起来，每摔一次就能升一级

没有哪个孩子天生就会走路，他们都是在一次次摔跤后，才学会了稳稳站立。同样的道理，失败并不是终点，而是经验值的累积。当孩子考试失利、比赛没获奖，或者和朋友闹了矛盾，这些经历都是他们"升级打怪"的机会。失败能教会孩子反思——哪里做得不够好？下次如何改进？当他们学会了分析问题、总结经验，就等于在成长的道路上装上了"导航系统"，避免以后在同样的地方跌倒。

2.失败是"心理健身房"，每挑战一次就更强壮

摔倒并不可怕，可怕的是一直趴在地上不肯起来。每一次失败，都是一次心理韧性的训练。如果孩子学会了面对失败，他们的内心就会变得更坚强，不再轻易被困难打倒。想象一下，一个总是害怕失败、不敢尝试的孩子，长大后如何面对职场挑战？而一个习惯了从失败中爬起来的孩子，未来无论遇到什么难题，都能咬牙坚持，不轻易放弃。

3.失败是"成长的护照"，让孩子更能适应变化

生活充满了未知，每一次挑战都像是一场冒险。那些从失败中站起来

的孩子，就像拥有了一本"成长的护照"，能适应各种新环境、新挑战。他们不会因为一次考试没考好就崩溃，而是调整状态、迎接下一次机会；不会因为朋友的误解而沉浸在难过里，而是学会沟通、改善关系。适应能力强的孩子，更容易在未来的世界里找到自己的位置，活得从容自在。

爬起来继续虎虎生风

1.用积极的语言鼓励孩子

当孩子失败时，父母的第一反应不应是批评，而是用积极的语言鼓励孩子，让他们知道失败是正常的，关键是从中学习。

2.强调过程而非结果

父母应更多地关注孩子在过程中表现出来的努力和勇气，而不是单纯地看结果。这样，孩子就能明白，努力和坚持才是最重要的，而不是一次的成功或失败。

3.帮助孩子分析失败的原因

失败并不可怕，但父母可以帮助孩子分析失败的原因，找出改进的方法。通过这种反思，孩子可以获得成长，还能为下一次尝试积累经验。

4.培养孩子的自我调节能力

父母可以帮助孩子学会如何自我调节情绪。当孩子因失败而沮丧时，教他们如何冷静下来，学会从失败中恢复，重新振作。

跌倒了？那就拍拍灰重新跑

跌倒和失败并不意味着结束，而是另一个开始。当孩子学会从每一次失败中站起来，他们可以在生活中变得更加坚韧，还能学会面对未知的挑战、抓住每一个新的机会。父母的支持、鼓励和引导是孩子从失败中恢复的力量源泉，也是孩子不断追求自我突破的重要动力。当孩子因为失败而感到沮丧时，不妨告诉他们："没关系，跌倒了没问题，站起来拍拍灰，继续跑！"因为每一次的跌倒，都是孩子成长的宝贵财富。

4 "我来决定！"

"我来决定！"这句话是每个进入独立探索阶段的孩子都曾大声喊过的口号。随着年龄的增长，孩子开始渴望做出属于自己的决定——从选择早餐吃什么到决定自己未来的梦想，所有关于他们生活的细节，似乎都要被他们掌控。而对于父母来说，如何平衡让孩子做决定与适当的引导，成了一项充满挑战的任务。"我来决定！"并不意味着孩子要全盘否定父母的意见，而是他们在通过这种方式，寻找自己的立场、表达自我。这时候，父母的任务是给予孩子足够的空间去做决定，并通过支持和鼓励，帮助他们在选择中成长，而不是控制他们的每一个决定。

晚餐菜单的"大决策"

情景

周末的晚上，妈妈和爸爸正在厨房忙碌地准备晚餐，而乐乐坐在客厅里刷着手机。突然，她抬起头，说："今天晚餐让我来决定吧！"爸爸好奇地看向她："哦？那你的决定是不是意味着，我们就不用做饭了？"乐乐笑着点头："是的！我觉得今天不如换个方式，我们去吃自助餐吧！"妈妈放下手中的菜刀，微笑着问："好呀，那你来安排一下，我们几点出发？怎么去？预算是多少？"听到这个问题，乐乐认真思考了一下，然后拿起手机搜索附近的自助

我希望我们点三份汉堡套餐……

餐厅。几分钟后，她兴奋地说："我查到了，这家餐厅有很多种类的菜，而且价格合适，我们可以提前预约，七点钟过去刚刚好！"爸爸点点头："听起来不错，那就按照你的决定来吧。"最终，一家人按照乐乐的计划，享受了一顿美味的自助餐。

这次经历让乐乐意识到，做决定不仅仅是随口一说，还需要思考规划，并承担相应的责任。父母给予她自由选择的空间，也让她在实践中培养了独立决策的能力，增强了自信心。

我是队长，听我指挥！

孩子逐渐长大的过程，就是他们从依赖走向独立的旅程。在这个过程中，他们开始尝试掌控自己的世界，而"我来决定！"正是他们宣告自己成长的一种方式。许多家长可能会觉得孩子是在挑战自己的权威，但实际上，这更像是孩子在探索自我、建立自信、寻找定位的信号。那么，孩子为什么如此热衷于"做决定"？他们的小脑袋里到底在想些什么呢？

1.渴望掌控自己的小世界

从很小的时候起，孩子就会发现，自己的很多事情都由大人安排：吃什么、穿什么、去哪里玩……但随着他们逐渐长大，他们开始希望对自己的生活有更多的掌控权。"我想自己选今天穿的衣服！""我要自己决定吃什么！""我来选玩什么游戏！"这些看似"固执"的坚持，其实是他们想要拥有一些属于自己的选择权。这不仅仅是叛逆，更是他们探索世界、尝试自己管理生活的一种方式。试想一下，如果你的每一天都被别人安排得明明白白，连点餐都不能自己选，是不是也会有些失落呢？

2.通过选择证明"我可以！"

对孩子来说，做决定不仅仅是选择一个答案，更是一种"能力展示"。每当他们说出"我来决定！"的时候，他们其实是在对世界宣告："我长大了，我可以自己做决定！"比如，当孩子自己选了一双小黄靴出门，哪怕搭配得有些奇怪，他们依然会骄傲地昂首挺胸，因为——那是他们自己做出的决定！他们会从这种体验中获得成就感，同时也会慢慢学习如何做更好的决定。

3.用决定表达自己的个性

做决定，某种程度上是孩子自我表达的一种方式。比如有的孩子偏爱蓝色，总是选择蓝色衣服；有的孩子喜欢甜食，每次点餐都会选甜口的食物。每一次的选择，其实都在向世界展示他们的喜好和个性。而当孩子的决定得到了尊重，他们会变得更加自信，敢于表达自己的想法。相反，如果孩子的每个决定都被家长否定，他们可能会慢慢丧失表达自己的勇气，变得习惯性依赖他人的意见。

如何培养孩子做决定的能力？

1.给孩子提供"决策练习场"

在家庭生活中，尽量创造机会让孩子做出决策，比如选择今天穿什么衣服、晚餐吃什么、周末去哪儿玩，甚至是如何分配自己的零花钱。看似简单的决定，其实是他们练习思考和判断的好机会。比如，当孩子说："我今天想穿短袖！"而外面冷风飕飕，家长可以这样回应："可以啊，不过外面有点冷，你想加一件外套，还是带一件以防冷了？"这样一来，孩子既能保持"做决定"的掌控感，又能学会思考后果。

2.给予自由但不"放飞"

虽然要鼓励孩子做决定，但家长也需要设定合理的边界，避免他们做出不合适或过度的选择。比如，在健康饮食方面，孩子可能会兴奋地宣布："今天就吃糖果！"这时，家长可以用"选择而非否定"的方式引导："糖果很好吃，我们可以选一种你喜欢的作为饭后甜点，但正餐要保证营养，你想吃米饭配鸡腿，还是意面配牛肉？"这样既给了孩子选择权，又确保他们在合理范围内决策。

3.让孩子体验"决策的后果"

做决定不仅仅是喊一声"我来决定",更重要的是承担决策的后果。当孩子做出了一个决定,家长可以让他们体验结果,让他们学会责任感。比如,孩子决定带自己最喜欢的玩具去公园,结果不小心丢了。这时,家长不必第一时间责备,而是可以温和地引导:"这次玩具丢了很可惜,我们下次可以怎么做,才能保护好自己的东西呢?"

4.以讨论代替命令

有些涉及全家人的决定,比如周末出游计划、家务分工等,可以邀请孩子一起讨论。让他们知道,做决定不只是"想要什么",还需要考虑他人的需求。比如,当孩子兴致勃勃地说:"我们去游乐园吧!"家长可以引导:"游乐园很棒,不过爸爸妈妈今天有点累,要不我们看看有没有其他适合全家人的选择?比如去附近公园野餐,你觉得怎么样?"

让孩子学会承担责任

当孩子说"我来决定!"时,父母的态度决定了孩子如何看待自己的选择。如果父母给予孩子自由的同时,能够引导他们思考选择的后果,孩子会在实践中学会如何做出更加成熟和负责任的决定。"我来决定!"并不是挑战父母的权威,而是孩子在逐步探索自我,寻求独立的过程。作为父母,我们要做的,不是扼杀孩子的决策权,而是在他们需要帮

助时提供指导。这样，孩子才能在不断尝试中，学会如何做出更好的决定，成长为一个有责任感的独立个体。当孩子说"我来决定！"时，不妨停下来，尊重他们的选择，并用引导帮助他们成长。因为每一次的选择，都是孩子成长路上不可缺少的体验。

5 信任是"助推器"

在孩子成长的过程中，信任就像是他们成长道路上的一枚"助推器"，让他们能够勇敢地向前飞翔。信任，不仅仅是父母对孩子的相信，还是孩子对父母的依赖与信任。当父母给予孩子信任时，不仅能够激发孩子的潜力，还能帮助他们在面对挑战时更加自信和坚定。然而，信任并不是一成不变的，它需要在日常生活中不断培养和加强。父母的信任能够为孩子提供内心的力量，让他们敢于面对生活中的各种困难，尝试新事物，甚至在失败后也能重新站起来，继续向前。

爸爸的信任让她飞得更高

情景

小颖从小就喜欢演讲，站在讲台上侃侃而谈让她感到无比自豪。进入初中后，学校宣布即将举办一场大型演讲比赛，所有学生都可以报名参加。小颖兴奋地告诉爸爸："爸爸，我想参加这次比赛！"爸爸听后，有些犹豫："你确定吗？这次比赛是全校范围的，高手很多，而且评委也很严格，万一表现不好，会不会影响你的信心？"小颖抬起头，坚定地说："我真的很想试试！我已经准备很久了，就算失败了，我也不会后悔。"爸爸看着她坚定的眼神，沉思片刻，最终点头："好吧，既然你下定决心了，那就尽全力去尝试！无论

爸爸，我做到了！谢谢你相信我！

结果如何，我都会支持你。"比赛当天，小颖站在演讲台上，虽然紧张得手心冒汗，但她想到爸爸的信任，深吸一口气，开始演讲。她用清晰有力的声音表达自己的观点，赢得了观众的掌声。最终，她获得了优秀奖！她激动地跑去告诉爸爸："爸爸，我做到了！谢谢你相信我！"爸爸摸了摸她的头："你能勇敢地站上舞台，本身就已经很棒了。"

这次经历让小颖更加自信。爸爸没有因为她年纪小而设限，而是给予了她充分的信任。这份信任，让她在挑战中成长，也让她更加勇敢地面对未来的每一次机会。

信任加满，孩子才能飞得更远！

信任就像孩子成长的"隐形翅膀"，让他们敢于探索、勇敢尝试，并在跌倒后重新站起来。父母的信任能给孩子更多的自由，还能帮助他们培养自信、学会独立，甚至在失败中积累经验，为未来的成长打下坚实的基础。

1.父母的信任，是孩子的"勇气加油站"

当孩子感受到父母的信任时，他们会更加相信自己，愿意去挑战新事物，而不是害怕犯错。比如，当孩子第一次自己去商店买东西，父母的鼓励和信任会让他们感到"我可以做到！"，这份信任可以让孩子更自信，还能增强他们解决问题的能力。

2.信任让孩子的"主角光环"亮起来

信任就像给孩子的"超级权限"，让他们拥有一定的自主权，学会自己做决定。当孩子能自己选择穿什么衣服、安排自己的学习计划，甚至决定周末的家庭活动时，他们会更有责任感，也会在实践中学会如何权衡利弊。这样的过程，就像让孩子成为自己人生的"导演"，而不是永远的"跟随者"。

3.信任让孩子变成"责任小达人"

当孩子知道自己被信任时，他们往往会更愿意承担责任，比如主动收拾房间、照顾宠物，或者按时完成作业。他们会发现，信任是一种珍贵的"奖励"，一旦失去了，就需要更多努力去赢回。因此，孩子会更加珍惜信任，努力做到更好。

爸妈信我一厘米，我就能长高一米！

1.尊重孩子的决定，给他们选择的空间

尊重孩子的决定，是父母表达信任的第一步。当孩子有机会选择时，他们会感受到自己被重视，内心的自信也会随之增长。比如，当孩子决定

穿一双自己喜欢的亮黄色鞋子，而不是父母认为更合适的黑鞋，父母的支持能让孩子感受到选择的乐趣。这种小事中的独立思考，会逐渐延伸到生活中的更多领域，让孩子学会权衡利弊并承担选择的后果。

2.在失败时给予鼓励而非指责

孩子的成长旅程中，失败是不可避免的。此时父母的态度会深刻影响孩子对失败的认知。如果父母在孩子失败时选择批评或指责，孩子可能会因此变得更加胆怯，害怕尝试。而如果父母用鼓励的方式引导孩子分析失败的原因，孩子则能从失败中汲取经验，并更有勇气面对下一次挑战。

3.保持一致的承诺和支持

信任需要时间去建立，但也可能因为父母的不一致而瓦解。比如，如果父母答应孩子周六带他们去游乐场，却因为临时加班而爽约，孩子会觉得父母不值得信任，甚至可能对自己的期待产生怀疑。因此，父母应尽量兑现对孩子的承诺，即便计划有变，也要事先与孩子沟通，提供替代方案，让孩子感受到父母的重视和关爱。

4.给予适当的自由，但设定边界

给孩子适当的自由是信任的体现，但自由不意味着无限制。设定合理的边界可以让孩子在探索的过程中有安全感，也能帮助他们更好地理解规则和自律的重要性。例如，可以允许孩子选择晚上的娱乐活动，但要明确规定睡觉的时间。这样既给予了自由，又确保了基本的生活规律。

信任让孩子在支持中自由成长

当父母给予孩子信任，就像给他们装上了"成长加速器"，让他们敢于探索未知，更自信地迎接挑战。信任不仅是一种鼓励，更是一种无形的支持，它让孩子在尝试新事物时充满动力，即使失败，也能从中汲取经验，继续向前。适当放手，给孩子一些空间，让他们在你的信任中学会独立思考和承担责任。成长路上，有了信任的加持，孩子会走得更稳，飞得更高，未来也会更加精彩！

第五章　家长的成长手册

作为父母，我们既是孩子的引路人，也是他们情感世界的"导航仪"。

真正有效的沟通，不是靠喊出来的。

孩子最需要的，往往是一种无声的认可。

父母的改变，是孩子腾飞的动力源泉

❶ 情绪管理：父母的隐藏超能力

作为父母，我们既是孩子的引路人，也是他们情感世界的"导航仪"。在日常生活中，我们承担着多重身份——教育者、守护者、安慰者、榜样……但其中最容易被忽略，却至关重要的角色，便是"情绪管理者"。当孩子哭闹、叛逆、情绪失控时，父母往往感到无奈，甚至被烦躁与焦虑裹挟。尤其是当自身正承受工作、家庭、生活的重重压力时，如何保持冷静，变得尤为重要。

情绪管理的"神奇力量"

情景

琪琪最近变得特别容易发脾气，尤其是遇到不顺心的事情时，总是忍不住情绪失控，像一根随时会点燃的火柴。一天，放学回家后，她兴冲冲地对妈妈说："妈，我们班今天组织志愿活动，下周末去山区支教，我特别想去！"妈妈皱了皱眉："下周不是还有重要的模拟考吗？这次就别去了，等以后有机会再参加。"琪琪的情绪瞬间炸裂："为什么不让我去？我已经答应同学了！"她声音提高了几度，眼眶也泛起了红。妈妈看着她，放下手中的书："琪琪，我知道你真的很想去，对吧？"琪琪点头。妈妈继续说："你一定觉得很失望，甚至有点生气，因为这对你来说很重要。"琪琪没说

话，但眼神缓和了一些。妈妈接着说："要不这样，我们先深呼吸一下，让自己冷静下来，然后再一起想想怎么解决？"琪琪犹豫了一下，跟着妈妈一起做了几次深呼吸，情绪逐渐平稳。几分钟后，她轻声问道："如果我这次没去，以后还有机会吗？"妈妈点点头，笑了："当然有机会，而且如果你想做志愿者，我们可以提前规划，找一个既不影响学习又能让你参与的时间，好吗？"

这一刻，妈妈的理解和耐心，就像一股清凉的微风，吹散了琪琪心中的焦躁。她帮琪琪平复了情绪，也在潜移默化中，教会她如何理性地面对失落与不满。

父母的情绪魔法是看不见的超能力

想象一下，在暴风骤雨中，孩子的情绪如同一叶随波逐流的小舟，惊慌失措，而父母则是他们唯一能够依靠的港湾。如果父母也失去了冷静，被情绪裹挟，孩子便会在风雨中更加无助。然而，若父母能够稳住情绪，以温和坚定的姿态引导孩子，那么这场风暴过后，孩子学会了如何面对情绪的波涛，还能在未来的风雨中站稳脚跟。

1.帮助父母自身保持冷静

当孩子哭闹、发脾气时，父母如果情绪失控，往往会激化矛盾。而冷静的父母，能用平和的语气安抚孩子，创造安全感，让他们学会如何调节情绪，而不是在愤怒中反抗或退缩。

2.为孩子树立情绪管理的榜样

孩子是父母的"情绪镜子"，他们会无意识地模仿父母的表达方式。如果父母能够在困境中展现理智与耐心，孩子也会学会如何在压力下保持镇定，如何用正确的方式表达自己的感受。

3.增强亲子关系，让沟通更顺畅

一个能够管理自己情绪的父母，会让家庭氛围更加温暖。孩子感受到理解与尊重，自然更愿意敞开心扉，亲子之间的信任也会随之加深。

解锁父母的"情绪魔法"：养出情商高的孩子

1.练习"情绪暂停键"：冷静三秒钟

当孩子的情绪如火山般爆发时，父母的第一反应很容易是立刻制止或责备。但此时，不妨按下"暂停键"，给自己三秒钟的时间深呼吸，让大脑恢复理智，再去回应孩子。

2.站在孩子的角度，练习"共情对话"

有时候，孩子只是想让父母理解他们的感受，而不是听一大堆大道

理。当孩子情绪崩溃时，父母不妨先表达

理解，让孩子感受到被接纳。

3.调整期望值，允许孩子有情绪

孩子并非"小大人"，他们的情绪管

理能力远不如成年人。父母要明白，孩子哭闹、愤怒，都是他们表达感受

的方式，而不是"故意不听话"。

4.在日常生活中，创造"情绪练习场"

通过游戏和互动，让孩子在轻松的环境下练习情绪管理。例如，可以

和孩子一起玩角色扮演，模拟不同的情绪场景，让孩子学会如何表达和调

整情绪。

孩子的情绪指南源自父母的每一次温柔回应

父母的情绪管理，决定了孩子如何看待世界、如何处理压力、如何与

人相处。它是一种家庭氛围的塑造，更是一种深远的教育方式。亲爱的父

母们，下次当孩子情绪失控时，不妨问问自己："我是否可以成为孩子的

情绪灯塔？"你的一次冷静回应，可能会成为孩子未来面对风雨时，最宝贵的心理财富。情绪管理，是父母送给孩子最珍贵的礼物。让我们一起练习，用智慧与温柔，点亮孩子的内心世界！

2 批评的音量调小，理解的频道打开

父母的批评，本是教育孩子的一部分，但有时候，我们的音量不知不觉地调大了，情绪也悄悄混进了话语里。每当孩子犯错，我们焦虑、担心，生怕他们走偏，结果说出口的话带着急躁，语气变得强硬，最终没让孩子理解，反而让他们感到被指责、被否定。关键在于调低批评的音量，升级理解的频道。真正有效的沟通，不是靠喊出来的，而是靠温和、清晰、富有共情的表达，让孩子在接受反馈的同时，也学会倾听、理解和成长。教育的艺术，不是单向的训诫，而是双向的共鸣。当我们调整好语气，放慢节奏，换一种方式表达，孩子会更愿意听，还能在这份尊重与理解中学会如何与世界温和相处。

关于作业的"平静对话"

情景

放学回家后，乐乐把书包往椅子上一扔，直接瘫在床上刷手机。妈妈看见了，忍不住皱起眉头："乐乐，作业写了吗？"语气里带着几分催促，"高中了，学习压力这么大，别的同学都在抓紧时间，你这样怎么行？"乐乐没有回应，手指依旧滑动着屏幕。妈妈以为他不耐烦，语气变得更严厉："每天一回家就玩手机，作业一拖再拖，你就不着急吗？"乐乐抬起头："妈，我今天连上了七节课，还有两次小测，脑子都快炸了，真的想先歇一会儿。"妈妈愣住了，

仔细看了看乐乐疲倦的脸，沉默了一下："妈妈理解你今天很累，但作业还是要完成的。要不我们一起想个办法，看看怎么让你既能休息，也能保证学习？"乐乐想了想，点点头："那我先写四十分钟作业，再休息十分钟？"妈妈点头："可以，就按照这个节奏来，劳逸结合效率更高。"

这一次，妈妈没有用指责的方式，而是选择了理解和沟通，帮助乐乐解决了学习安排的问题，也让他感受到关心和尊重。减少批评，多一份共情，亲子关系才能更和谐，也能帮助孩子更主动地管理时间。

别让批评变成噪音，放大理解的音量

在与孩子的互动中，父母常常需要纠正孩子的行为。然而，批评的方式与语气，往往决定了孩子是愿意听取建议，还是选择封闭自己。过于严厉或频繁的指责，可能让孩子陷入自我怀疑，甚至对父母产生疏离感；而恰到好处的批评，加上理解与引导，则能帮助孩子在安全感中成长。

1.适度批评，帮助孩子看清问题

批评的目的不是让孩子感到羞愧，而是引导他们认识错误，寻找改进的方法。当批评过于情绪化，孩子的注意力可能集中在父母的愤怒上，而非自身的不足。只有温和而清晰的指引，才能让孩子真正反思，并激发改正的动力。

2.理解孩子，让批评变得更具建设性

在批评之前，先倾听孩子的想法，理解他们的情绪。每个行为背后都有原因，也许是疲惫、压力，或者仅仅是需要被关注。当孩子感受到被理解，他们会更容易接受父母的意见，而不是本能地抗拒或逃避。理解，是让孩子敞开心扉的钥匙。

3.用理智的沟通，搭建亲子关系的桥梁

亲子关系是教育与被教育，更是一种相互影响的情感连接。当父母用理智、耐心和共情去沟通，可以减少矛盾，还能让孩子学会以同样的方式表达自己。长此以往，孩子可以从父母的批评中获得成长，也能在理解的氛围中，学会如何正确对待他人。

让批评变得更有温度

1.先共情，再批评——"我懂你，但你还是错了"

当孩子犯错时，先别急着训斥，而是试着理解他们的感受。"我知道你是因为太开心才不小心打翻了水杯，但我们还是需要注意用餐礼仪哦。"共情能让孩子放下戒备，愿意倾听你的话，而不是本能地反抗。

2.控制语气，保持冷静——"温和的批评，更能让孩子听进去"

怒气冲冲的批评往往让孩子只记得你的愤怒，而忽略了问题本身。尝试用平稳的语气、简洁的话语表达你的期望，比如："玩具要收好，否则容易被踩坏。"冷静的语气可以让孩子感受到尊重，也能让他们更理性地思考自己的行为。

3.关注行为，而不是人格——"你只是做错了，不是不好"

"你怎么这么懒？""你总是这么粗心！"这些带有"定性"的话，容易让孩子产生自我否定，而不是思考如何改进。更好的方式是："这次作业漏写了一道题，怎么办？"这样既指出问题，又让孩子有机会主动思考解决方案。

4.给孩子时间反思和改进——"成长需要时间，而不是催促"

批评的目的不是让孩子立刻改正，而是帮助他们意识到错误并找到改进的方法。可以试着问："你觉得下次怎么做会更好？"这样孩子更愿意去改变，还能培养自主思考和自我管理能力。当批评变成温和的提醒，孩子才会真正听进去，并愿意改正错误。下次面对孩子的错误时，不妨试试这些方法，让批评成为一次成长的契机，而不是一场伤害亲子关系的风暴。

让孩子在理解中成长

父母的批评，不该是震耳欲聋的雷鸣，而应是润物无声的春雨。声音的冲突，往往只会激起抵触，而心灵的碰撞，才能真正触动孩子的内心。当批评少了怒气，多了理解，少了指责，多了引导，孩子才能在亲情的温暖中修正自己，而不是在压力和恐惧中迷失方向。真正有效的批评，是一次理性的对话，让孩子在不受伤害的情况下，意识到问题、学会改正，并培养更强的情商与自我管理能力。下次当孩子犯错时，不妨深吸一口气，问问自己："我能用更温和、更有智慧的方式表达我的想法吗？"当批评成为一种温暖的提醒，而不是情绪的宣泄，孩子更容易接受，也能在理解中找到成长的力量。

3 双向奔赴的成长

在孩子的成长旅程中，父母与孩子的关系如同一场温暖而坚定的"双向奔赴"。唯有在彼此理解、共同努力的互动中，成长之路才会变得更加宽广而深远。父母是孩子的引路人，同时也是成长的同行者。透过倾听与共情，父母可以读懂孩子的需求与感受，进而调整教育方式，让陪伴变得更加温暖而有效。而孩子，也在父母的理解与支持中，学会表达自我、迎接挑战、承担责任。这场成长旅程，不只是孩子的蜕变，也是父母心灵的丰盈。当父母与孩子真正建立起互相支持的桥梁，成长便不再是单向的灌输，而是一场双向滋养的旅程——孩子因父母的智慧而茁壮，父母因孩子的成长而更加成熟。这场"双向奔赴"，是生命最美的回响。

一起成长的足球比赛

情景

轩宇热爱足球，总爱研究比赛战术，梦想着有一天能进入校队，甚至成为职业球员。一天，学校组织了一场师生友谊赛，爸爸特意请假来看他比赛。赛前，轩宇有些紧张，双手不断搓着球衣。爸爸拍拍他的肩膀，微笑着说："放轻松，你只需要尽力去享受比赛。"轩宇深吸一口气，点了点头，决定试试看。比赛开始后，他在场上有些拘谨，跑位不够果断，几次有机会拿球却犹豫了。但每当他抬

> 轩宇，你能行！加油！

头，总能看到场边的爸爸在为他加油："轩宇，你能行！相信自己，冲一下！"听到爸爸的鼓励，轩宇调整心态，逐渐进入状态。他开始主动寻找机会，积极拼抢，并成功送出了一次精准的助攻。随着比赛的进行，他越来越自信，速度和判断力都发挥了出来。终于，在下半场，他抓住一个空当，冷静射门，球进了！全场响起热烈的掌声，他的队友冲上来和他击掌庆祝，而场边的爸爸也为他竖起了大拇指。

在比赛中，爸爸帮他化解了紧张，在场边用加油声给了他满满的勇气。父子并肩努力的瞬间，轩宇体验到突破自己的快乐，也让爸爸感受到陪伴的力量——原来，孩子的成长，也是父母的成长！

成长不是"单向道"

父母与孩子的关系，不是一方单向的付出，而是彼此回应、携手前行的旅程。父母的支持与陪伴固然重要，但孩子的回应与努力，同样是成长的关键。当引导不再是单向的指令，而是互动中的共鸣，成长才会更加立体而丰满。

1.孩子的成长，离不开父母的理解与支持

成长的道路上，孩子需要的不仅仅是物质上的满足，更是情感上的滋养。父母的关注、理解与鼓励，能够赋予孩子探索世界的勇气，让他们敢于挑战、表达自我，进而发现自身潜能。父母的陪伴，既是孩子的安全感来源，也是他们迈向独立的基石。

2.孩子亦是父母成长的镜子

在这场双向奔赴的旅程中，孩子并非只是被动接受者。他们的言行、需求与情感表达，往往成为父母自我成长的契机。孩子的天真与探索精神，提醒父母如何保持好奇心；孩子的情绪波动，让父母学会耐心与共情。每一次互动，都是父母理解孩子、调整教育方式的过程，也是在爱与成长中不断精进的机会。

3.亲子之间的"双向奔赴"，让关系更加紧密

当亲子关系从"单向输出"变为"彼此互动"，沟通将更加顺畅，理解也愈加深刻。父母不再只是孩子的权威指引者，更是他们的倾听者、同行者。这样的双向交流，让孩子在温暖的关系中汲取力量，也让父母在陪伴的旅程里收获满足感与成就感。

一起成长，才有双向奔赴的惊喜！

1.让孩子成为家庭的一份子，而不仅仅是"听话的孩子"

孩子不是家里的"执行者"，而是"合伙人"。父母可以在力所能及的范围内，让孩子参与家庭决策，比如周末去哪玩、晚饭吃什么，甚至制定家庭规则。让孩子发表意见、做出选择，可以增强他们的自信心和责任感，也能让他们感受到"被看见、被尊重"的幸福感。

2.放手也是爱，给孩子试错的机会

孩子成长的过程中，父母不能总是充当"指挥官"，更要学会做一个"观察者"。适当放手，让孩子在安全范围内自己做决定，比如选择兴趣班、制定学习计划，甚至决定如何分配自己的零花钱。这样可以锻炼孩子的独立思考能力，还能让他们在实践中学会承担后果。毕竟，比起"事事听安排"，孩子更需要的是"在尝试中成长"。

3.不做"裁判"，做并肩作战的队友

成长的路上，挑战和困难不可避免。面对孩子的困惑，父母不应该只是站在场外指挥，而是要像搭档一样，一起面对问题、寻找解决方案。比如，孩子在学习上遇到难题，父母可以和他们一起制订计划；孩子在人际关系上遇到困扰，父母可以分享自己的经验，而不是直接告诉他们"应该怎么做"。当孩子感受到父母是站在自己这边的，他们会更有勇气去迎接挑战。

4.多点耐心倾听，少点"你不就是……嘛"

孩子的烦恼，或许在大人看来"没什么大不了"，但在他们的小世界里，可能已经是天大的事了。面对孩子的情绪，父母不要急着用"道理"去压制，而是先用"倾听"去理解。比如，孩子抱怨考试成绩不好时，先别急着说"下次努力就好"，可以试着问："这次考试你觉得最难的是什么？"当孩子感觉到自己的情绪被接纳，他们才会更愿意与父母分享自己的世界。

携手同行的旅程

父母与孩子的关系，就像一场并肩而行的冒险之旅。父母是领路人，更是同行者，彼此支持、相互成就。每一次倾听、每一次理解，都是在为这段旅程增添温暖；每一次挑战、每一次突破，都是双向奔赴的印记。真正的成长，不是单方面的付出，而是彼此影响、共同蜕变。当你陪伴孩子成长的同时，是否也在收获新的领悟？当孩子迎难而上，你是否也在学会更多耐心与智慧？携手同行，成长的风景才更加绚烂。

4 眼神里的"点赞"

　　父母的肯定和支持，往往不需要华丽的语言或复杂的奖励，孩子最需要的，往往是一种无声的认可——来自父母眼神中的"点赞"。这种"点赞"不是简单的表扬，而是通过眼神、微笑或小小的鼓励，让孩子感受到自己被重视、被接纳，并因此充满动力去追求更好的自己。眼神是最直接的情感传递工具，它不需要太多言语，却能深深地打动孩子的内心。这份无声的情感共鸣，如春风拂过心田，滋养着他们的自信，也点燃了他们前行的勇气。在爱的注视下，孩子更愿意迎接挑战，在生活的舞台上不断追求卓越，绽放属于自己的光芒。

爸爸的一个眼神

情景

　　艺术生乐乐参加了绘画比赛，尽管画作不完美，却倾注了她的全部心血。回家后，她兴奋地把画递给爸爸，满眼期待："爸爸，我画得怎么样？"爸爸看着画，沉默片刻，乐乐的心悬了起来："是不是不好？"她的眼神逐渐黯淡。就在这时，爸爸抬起头，眼中满是欣赏："乐乐，真棒！我看到你的用心，色彩也很丰富，你进步了很多！"那一刻，暖流涌上乐乐的心头，她自信地笑了："谢谢爸爸！我下次一定画得更好！"

虽然没有说很多话，但乐乐通过爸爸眼中的欣赏，感受到自己被尊重和肯定。这份无声的力量，让她更加自信，也激发了她继续努力、追求更好表现的动力。

"点赞"，是孩子成长的充电宝

孩子在成长过程中，需要父母的言语鼓励，更需要父母的眼神、微笑和肢体语言感受到自己被接纳与认可。与直接的表扬和批评相比，眼神中的"点赞"具有更深远的意义，它能够在无声中传递情感，让孩子感受到父母对他们的爱意。

1.眼神中的"点赞"是最直接的情感反馈

眼神是情感的窗口，父母通过眼神传递的信息通常是直接和真实的。孩子最容易感受到父母眼神中的喜悦、关爱和支持，这比任何语言都更具力量。父母眼中的认可能帮助孩子建立自信，强化自我价值观。

2.眼神中的认可能增强孩子的自信心

当孩子从父母的目光中读到欣赏与肯定，他们会更加相信自己的能力，勇敢迎接挑战。尤其是在遇到困难时，父母眼中的支持就像一道光，照亮孩子前行的道路，让他们敢于尝试、不断进步。

3.眼神中的"点赞"能加深亲子情感

眼神传递的情感，胜过千言万语。父母眼中的关注与认同，让孩子感受到爱与安全感，进而增强对父母的信任，让亲子关系更加亲密、融洽。

会说话的眼神让孩子更自信

1.用眼神传递欣赏，胜过千言万语

当孩子展现善良、努力或责任感时，父母可以用温暖的目光给予肯定。这种眼神中的鼓励，比语言更直抵内心。例如，孩子主动收拾玩具时，父母一个欣赏的眼神，胜过一句简单的"你真棒"，让孩子更有动力去坚持好习惯。

2.用专注的眼神，让孩子感受到被倾听

当孩子分享自己的想法、创意或心情时，父母的眼神应专注且充满

关爱。这样的关注让孩子感受到自己的话语被重视，从而增强表达的信心。例如，孩子兴奋地讲述学校的趣事时，父母若边玩手机边回应，孩子会感到失落，而若是专注地看着孩子，点头回应，孩子会感受到真正的尊重与接纳。

3.用坚定的目光，鼓励孩子克服困难

遇到挑战时，孩子往往会寻求父母的支持。此时，一个充满信任的眼神胜过任何鼓励的话语。当孩子面对难题想要放弃时，父母坚定的眼神传递"我相信你可以做到"，这种无声的鼓舞能帮助孩子重拾信心，勇敢尝试。

4.用温柔的眼神，传递无条件的爱

当孩子犯错或遭遇挫折时，父母的眼神可以成为爱的港湾，而不是审视与指责。当孩子因考试失利而难过时，父母若用温柔的目光看着他，轻声说："没关系，我们下次一起努力。"这种理解的眼神，可以让孩子明白：无论成功或失败，自己始终被爱着。

让孩子感受无言的爱与支持

父母的眼神，承载着温暖与期待，它是一种无声的肯定，更是一种力量的传递。当孩子迎难而上、勇敢尝试，或是在困境中踟蹰不前时，一个满含欣赏的眼神，胜过千言万语，让他们感受到来自内心深处的鼓励。这

份目光中的"点赞"，是孩子自信的沃土，让他们在爱的滋养中汲取勇气，在认可的映照下坚定步伐。所以，当孩子完成一项挑战、展现一份努力时，不妨给他们一个深深的目光，让你的欣赏跃然眼底。你会发现，在这无声的交流中，孩子将收获更坚定的信念，也将在爱的注视下，迎风展翅，飞向更辽阔的天空。

5 父母升级一级，孩子飞跃一大步

在孩子的成长旅途中，父母是教育者和引导者，更是孩子发展的"超级推手"。然而，孩子的成长有时并不是单纯依赖父母的指令或支持，而往往源于父母自身的成长与提升。父母的"升级"，从来都不是去掌握更多的技巧或方法。父母要不断精进自我，在认知、情感表达与家庭关系上取得更深的突破，为孩子创造更加宽广的成长空间。父母的成长，是自身的提升，更是一场关于爱的深远修行。当父母学会调整心态，变得更加成熟、理性、包容，孩子便能在这样的滋养中汲取力量，生长出自信与独立。

妈妈的改变让孩子焕然一新

情景

李涛的妈妈一直关注他的成绩，每当他考得不理想，妈妈就会说："你的成绩怎么这么差？你得加倍努力才行！"这种压力让李涛越来越紧张，哪怕拼命学习，他也总觉得达不到妈妈的期望。一次高中作文比赛，李涛没获奖，回家后，他低着头，准备迎接妈妈的批评。出乎意料的是，妈妈说："我看到你的努力了，比起成绩，你的努力更重要。"李涛抬头："妈妈，你不生气吗？"妈妈笑着说："我更在意你的成长。失败没关系，我们一起分析，下次再努力。"这句话让李涛心里一暖，他明白了妈妈真正的期待。从那以后，他不再因失败而自卑，反而更加主动，勇敢面对生活或者学习中的挑战。

妈妈学会了调适自己的情绪，从曾经的焦虑与控制，转变为理解与支持，悄然间为李涛撑开了一片更广阔的天空。在这份温暖与信任中，李涛不再被压力裹挟，而是带着自信去探索、去挑战。失败不再是沉重的阴影，而成为成长的养分，让他真正迈出了飞跃的一步。

解锁孩子成长的隐藏优势

父母是孩子的第一任老师，也是他们学习和模仿的榜样。当父母学会自我升级，从情感、认知到行为等各方面改进自己，孩子自然会从中受益，获得更多的成长机会。父母的"升级"是为自己，更是为孩子创造更加有利的成长环境。

1.父母升级，家庭氛围焕然一新

当父母变得更加理性、包容与冷静，家庭便不再充满焦虑与对抗，而是被理解与温暖包裹。这样的家庭氛围，如同滋养心灵的沃土，让孩子在安全感与幸福感中茁壮成长，拥有探索世界的底气与勇气。

2.父母升级，给予孩子更深的支持

真正的支持，不是严苛要求，而是共情与理解。当父母用温柔的眼光看待孩子的努力，他们便能感受到被尊重、被认可，进而拥有直面挑战的勇气，敢于尝试、无惧失败，在人生的舞台上更加自信地前行。

3.父母升级，孩子自我提升的动力

父母的每一次成长，都是孩子前进的指引。当孩子看到父母不断学习、突破自我，他们也会受到激励，在成长路上勇于反思、不断精进。父母的进步，会塑造更好的自己，也可以为孩子树立努力向上的榜样。

父母进化论：如何解锁"升级"模式？

1.学会有效的情绪管理

情绪管理，是父母升级的关键。当父母能以平和的心态面对孩子的叛逆与挑战，家庭氛围便能由紧张对抗转为理解共鸣。面对孩子的不听话，与其急躁训斥，不如深呼吸、冷静分析，给自己留出缓冲的时间，再用理智的方式与孩子沟通。这样的情绪自律，可以让家庭更和谐，也可以教会

孩子如何管理自己的情绪。

2.改善沟通方式，建立平等对话

沟通不是单向的灌输，而是双向的
理解。父母若能放下权威，以平等的姿
态倾听孩子，便能让孩子感受到尊重，
增强他们的自信与表达力。例如，当孩子犯错时，不是急于指责，而是温
和引导："你觉得这件事有什么地方可以做得更好？"在对话中，孩子能
学会反思，亲子关系也能更加紧密。

3.树立榜样作用，做孩子的引路人

父母是孩子最直观的榜样，言行举止皆是无声的教育。如果希望孩子
养成良好的习惯、保持终身学习的态度，最好的方法便是身体力行。持续
阅读、学习新知、积极面对生活，孩子便会在耳濡目染中，习得坚持与成
长的力量。

4.给自己设定目标，持续进步

成长是孩子的课题，更是父母一生的修行。无论是职业进步、兴趣培
养，还是生活方式的优化，父母的每一次突破，都会成为孩子前行的动
力。让孩子看到，成长不是一蹴而就的，而是一个不断精进、勇敢超越的
过程。

父母升级，孩子飞跃

孩子的飞跃，并非凭空发生，而是源于父母不断优化的陪伴方式。一个能自我成长的父母，不再只是单纯地给予指令，而是以更开放的心态去理解孩子、尊重孩子、支持孩子，让他们在轻松而充满安全感的环境中，勇敢探索世界、迎接挑战。父母的改变，是孩子腾飞的动力源泉，而孩子的成长，亦是父母智慧与爱的最好回响。每一位努力向前的父母，都在用自身的成长，为孩子铺设一条更加宽广的道路，让他们在更高处，看到更美的风景，拥有更辽阔的未来。

6 冲突是"成长实验"，别急着下结论

　　家庭中的冲突似乎是不可避免的，尤其是当孩子进入叛逆期后开始形成自己的独立思想时，亲子之间的矛盾往往也会愈加显现。然而，冲突并不一定意味着坏事，它更像是一次"成长实验"，是父母和孩子在相互碰撞中学习、成长和磨合的机会。问题的关键在于：如何看待冲突，如何从冲突中找到解决问题的智慧，而不是急于给出结论。当父母能够在冲突中保持冷静，不急于评判孩子的行为，而是解决问题，冲突不会伤害亲子关系，反而能促进双方的成长。

家庭会议上的冲突

情景

　　思思抱怨妈妈总催作业，妈妈则认为她不够自律。争吵中，妈妈说："为什么每次都让我生气？"思思愤怒回应："我已经够努力了，你总是给我压力！"妈妈愣住了，意识到自己忽略了思思的感受。她冷静下来，说："我知道你很努力，也许我给你压力太大。"思思

> 我已经够努力了，你总是给我压力！

说："我只需要一点空间。"妈妈提议："我们一起制定个作息表，让你能完成作业，也能有时间做喜欢的事。"思思点头同意。

在这次冲突中，双方没有急于评判或强行要求，而是通过冷静的沟通和共情，最终达成了一个彼此都能接受的解决方案。这种方式有效化解了矛盾，也让思思感受到自己得到真正理解了。

冲突是成长的试验场

冲突是人与人之间不可避免的互动，尤其是在父母和孩子之间。冲突的本质并不是双方对立，而是对彼此差异的挑战，是沟通的起点。当冲突发生时，如何处理冲突、如何从中汲取经验和教训，决定了双方的成长。

1.冲突促使父母反思自己的教育方式

当冲突发生时，父母常常会站在自己的立场来评判孩子的行为，但通过冲突，父母也能反思自己是否在某些方面做得不够好。冲突能帮助父母认识到孩子的需求和想法，从而调整教育方法，做到更适合孩子的成长方式。

2.冲突让孩子学会表达自己

对于孩子来说，冲突是他们学会表达自己情感和需求的机会。在冲突中，孩子能够学会如何合理表达不满，如何反思自己的行为，如何在表达中找到与他人的平衡。

3.冲突加深亲子间的理解与包容

通过处理冲突，父母和孩子在磨合中更加理解对方的想法和感受。每一次冲突的解决，都会让亲子关系更加紧密，增加彼此的信任和包容，这种理解与包容是孩子成长过程中不可或缺的情感支持。

把冲突变成成长的魔法试验

1.保持冷静，避免情绪化反应

当冲突发生时，父母需要保持冷静，避免情绪化反应，急于批评或指责只会让局面更加恶化。父母可以先给自己几秒钟冷静下来，再做出反应，从而更加理性地看待问题。

比如，孩子做错事时，父母可以暂时停下来，深呼吸一下，再与孩子进行对话，而不是立即采取强硬态度。

2.倾听孩子的想法和感受

冲突发生时，父母需要认真倾听孩子的意见，理解他们的情感需求，而不仅仅是纠正孩子的行为。通过倾听，父母可以更好地了解孩子的真实想法，进而找到解决冲突的办法。

3.与孩子一起找解决方案

冲突的核心是寻找解决问题的办法，而不仅仅是争论谁对谁错。父母可以邀请孩子一起讨论解决方案，让孩子学会如何面对问题，更能增强他们的责任感和自我解决问题的能力。

4.确保沟通的方式是尊重和平等的

冲突中，父母和孩子的沟通方式至关重要。尊重和平等的沟通方式能够让孩子感受到自己得到理解，而不是被压制。父母应避免在冲突中采取命令式语气，而是用更多的询问和引导，让孩子参与到解决问题的过程中。

冲突是"成长实验"

每一次的冲突，都是父母与孩子之间成长的"试金石"。通过冲突，父母和孩子都能在相互理解和包容中不断进步，学会更好地沟通、解决问题和承担责任。冲突不再是不可避免的障碍，而是共同成长、共同进步的机会。当你们遇到与孩子的冲突时，不妨把它看作一次"成长实验"。通过冷静思考和有效沟通，可以帮助孩子成长，还能和孩子一起成为更好的自己。因为，冲突的真正意义，不是为了争论对错，而是为了找到理解、合作和解决问题的方式。

7 每次修补都是进步

在孩子的成长过程中，不可避免地会有"裂缝"，无论是情感上的，还是行为上的，这些裂缝可能是因为孩子犯了错，可能是因为亲子之间的误解，甚至可能是由于生活中的种种压力。每当这些裂缝出现时，父母不应急于批评或放弃，而应当意识到——每一次修补，都是一次进步的机会。修补并不是把裂缝掩盖起来，而是通过沟通、理解和包容，让裂缝得到修补，甚至比之前更加完好。修补并非一个短暂的过程，它是一个不断积累、不断进步的旅程。

破碎的信任，重新建立

情景

李明是个阳光开朗的高中生，平时爱开玩笑，是班级里的"气氛担当"。可最近，他变得沉默寡言，成绩也下滑了。一天，妈妈在收拾房间时，发现他的书桌抽屉里塞满了老师批改完的试卷，皱着眉头问："李明，这些试卷你为什么没拿给我看？"李明低下头，小声说："我不想让你失望。"妈妈一愣，想起自己平时总是紧盯着他的成绩，一旦下降就忍不住批评他，或许正是这种压力，让他不敢坦白。她放缓语气："你是不是觉得我太在意分数，让你不敢和我说？"李明沉默了几秒，点了点头："我知道你是为我好，但我真的不想每次考试都像上战场一样……"妈妈叹了口气，坐到他身旁："对不起，妈妈不是想让你有压力，而是担心你。如果你愿意，我们可以一起想办法，看看是哪里出了问题，而不是只盯着分数，好吗？"李明抬起头："真的吗？那我先自己总结一下错题，再和你讨论。"

李明，这些试卷你为什么没拿给我看？

修补信任需要时间和耐心。这次对话后，妈妈开始调整自己的关注点，不再只盯着分数，而是陪伴李明一起寻找更适合的学习方式。每一次的修补，都是亲子关系不断进步的体现。

每修一次，都更强一点！

生活中的冲突和挑战常常让人感到疲惫，但每一次的修补和调整，都是成长的一部分。父母和孩子之间的关系并非一开始就完美无缺，而是在不断的修补中变得更加稳固和深刻。修补并非对过去错误的简单改正，而是通过反思和行动，为未来铺平更坚实的道路。

1.修补，让孩子学会正确面对错误

每一次冲突后的修补，都是孩子学习如何面对错误和挑战的机会。在父母的引导下，他们学会承担责任、寻找解决方案，并在实践中提升情商和解决问题的能力，而不是逃避或固执己见。

2.修补，使亲子关系更加稳固

关系的修补并非简单的弥补，而是一次次的磨合和成长。经历风雨后，父母的理解与包容，孩子的反思与调整，都可以让彼此的信任更加深厚，让亲子关系更加稳固，从而能一起接受更大的挑战。

3.修补，促进父母的成长与反思

修补是对孩子的教育，更是父母自身的成长契机。在这个过程中，父母可以学会调整自己的教育方式、控制情绪，并不断提升沟通能力，从而成为更成熟、更智慧的引导者。

修补 = 进步秘籍，成长无限加成

1.与孩子共同反思，寻找解决方案

当问题出现时，父母不要急于做出结论，而是与孩子一起反思问题的

根源，探讨解决的办法。通过这种共同的努力，孩子可以从问题中获得教训，也能提高他们解决问题的能力。

2.保持耐心，给孩子时间成长

修补是一个过程，不是一蹴而就的。父母需要保持耐心，给孩子足够的时间去理解和改变。只有通过持续的修补，亲子关系才能不断加深，孩子的成长才能不断稳固。

3.用爱与理解代替批评

每一次的修补都需要建立在爱与理解的基础上，而不是批评和指责。通过理解孩子的内心需求，父母能够更有效地帮助孩子走出困境，修复亲子情感的裂缝。

4.让孩子参与修补的过程

当孩子犯错时，让他们参与到解决问题的过程中，自己承担责任并做出改进，如此可以帮助孩子更容易理解自己行为的后果，同时增强自身的责任感和自我管理的能力。

每次修补，都是成长的基石

每一次冲突的修补，都是父母与孩子共同成长的冒险之旅。它让亲子关系更加紧密，也让双方在磨合中收获智慧与能力。每一次的修补，都是家庭关系的"升级包"，让孩子在理解与包容中，像超级英雄一样不断进步，迈向更强大的自己。当家庭中出现波动时，不妨把它看作一次成长任务，而不仅仅是简单的"修复"。通过理智的反思和积极的沟通，我们可以修补裂缝，也能在这个过程中升级自我，成为更智慧的父母，帮助孩子走得更远，飞得更高。